SANDRO DELLA NOCE
GUILLAUME GATTIER
GILLES POURTIER

BARN RAISING

POURSUITE

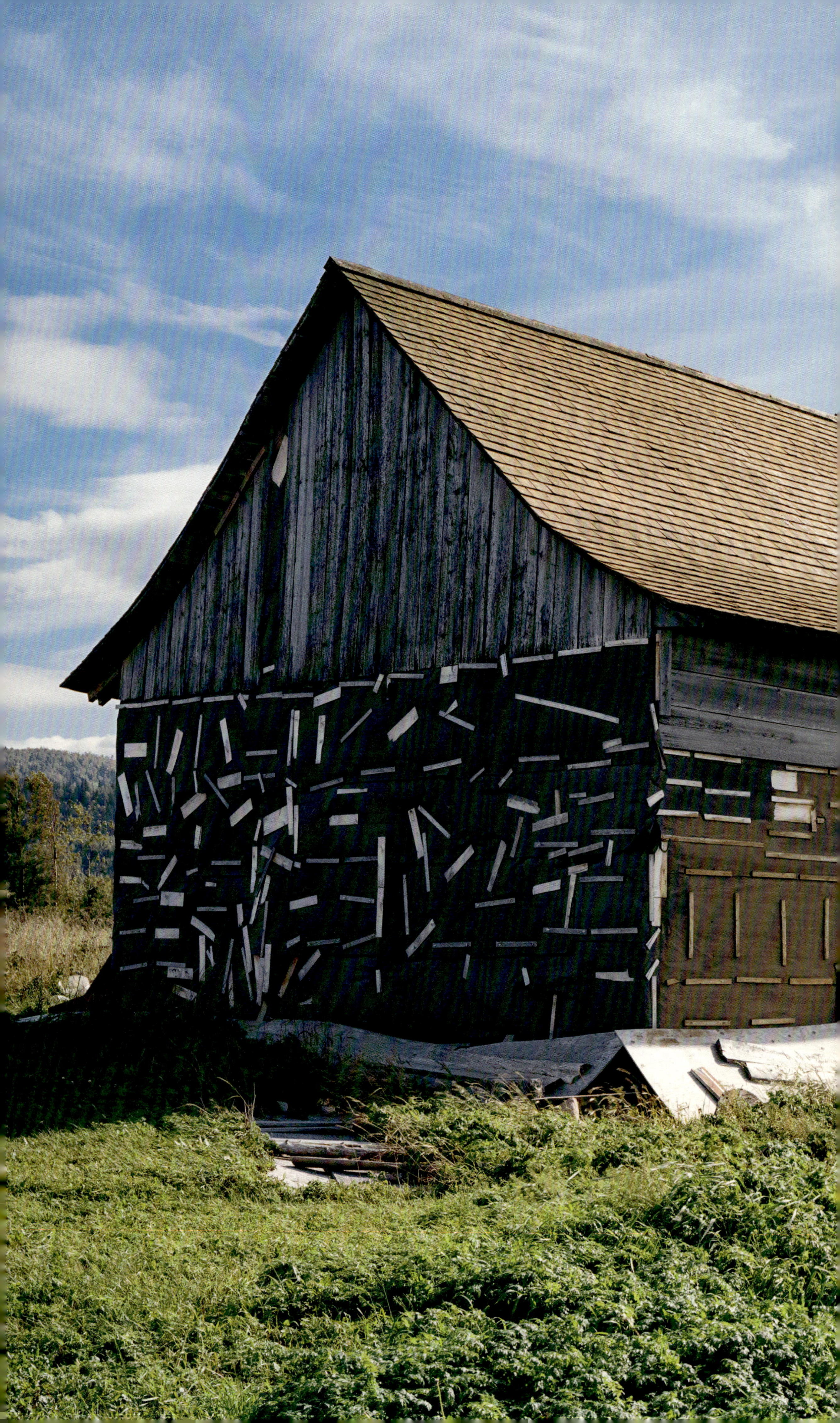

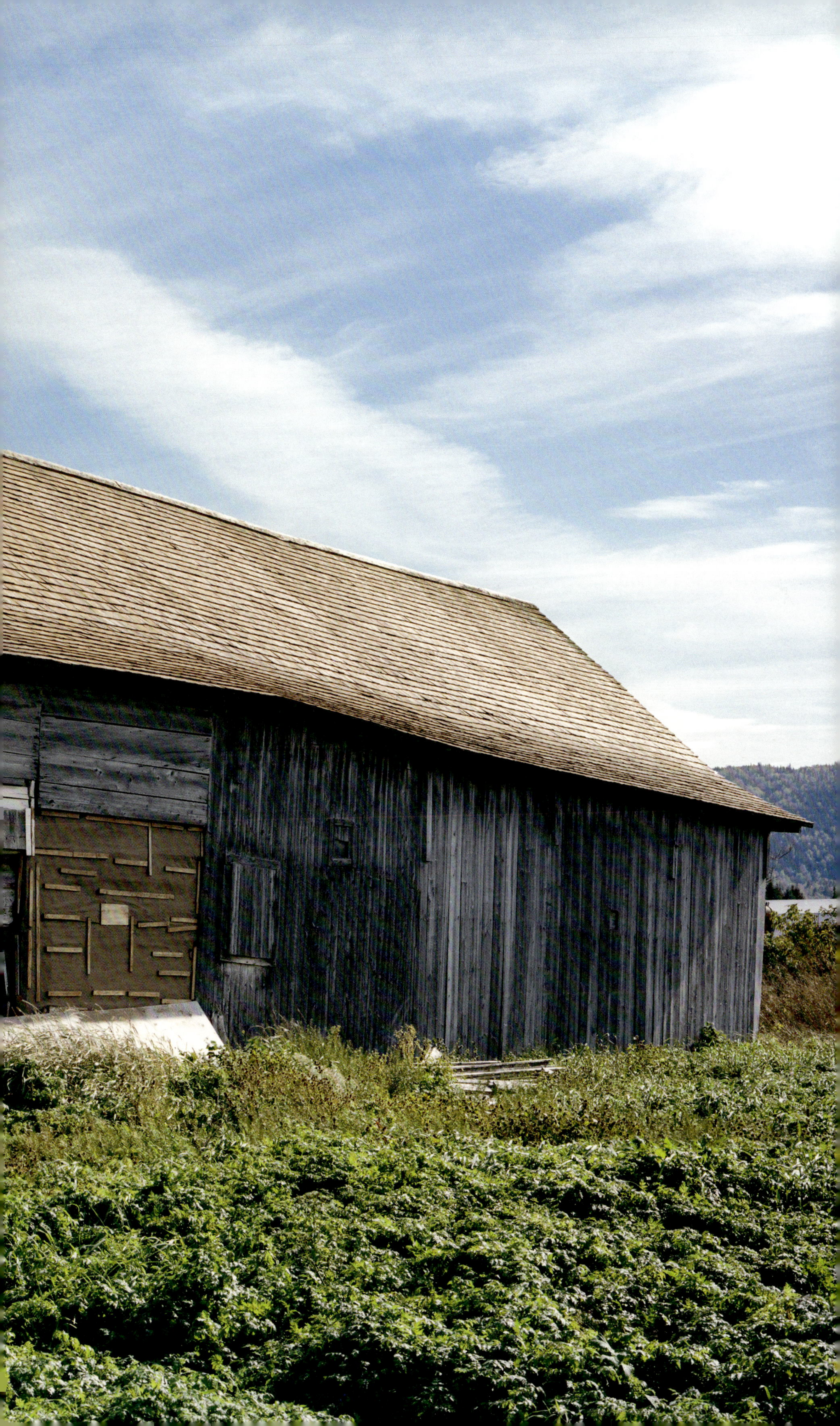

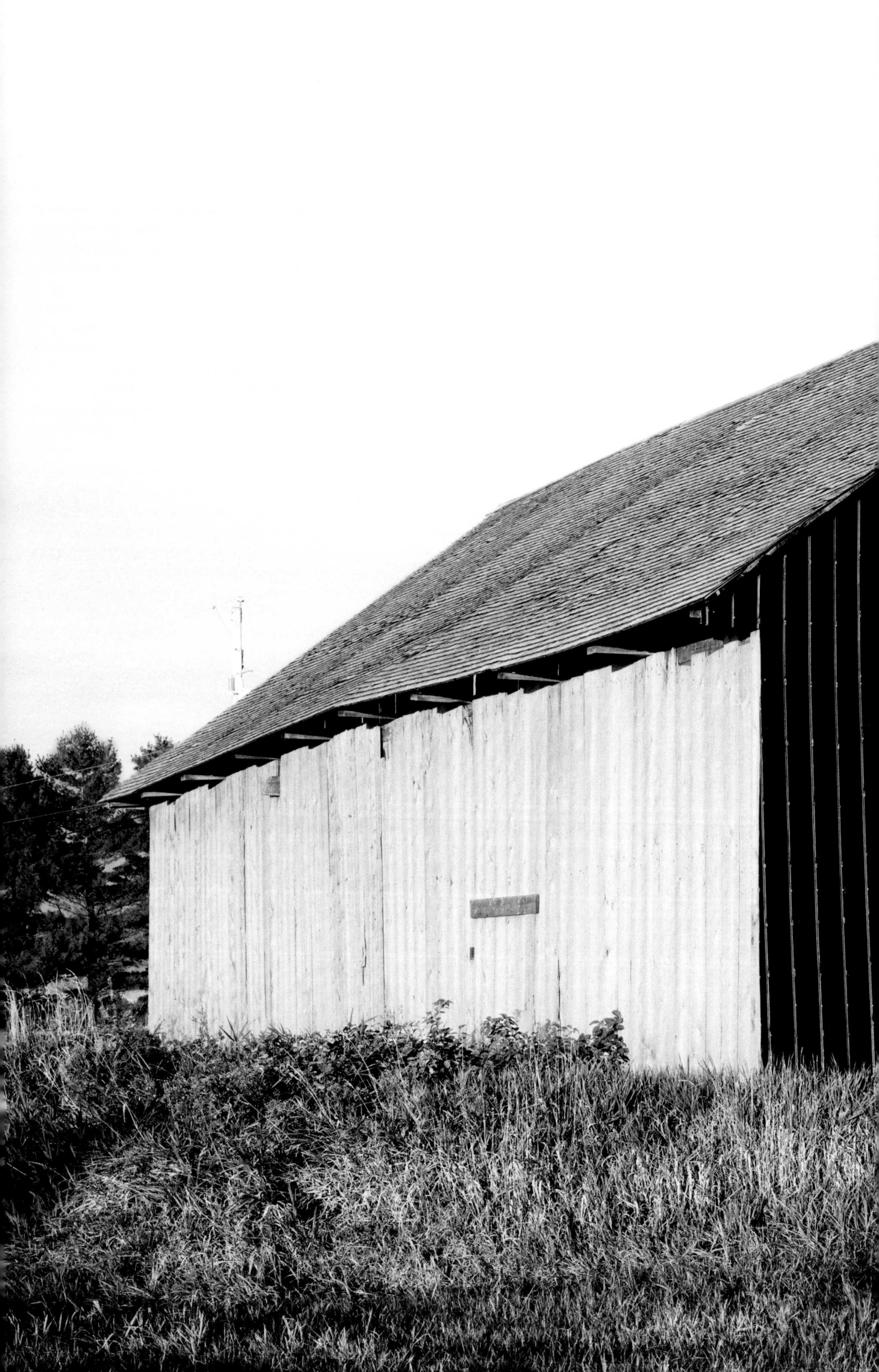

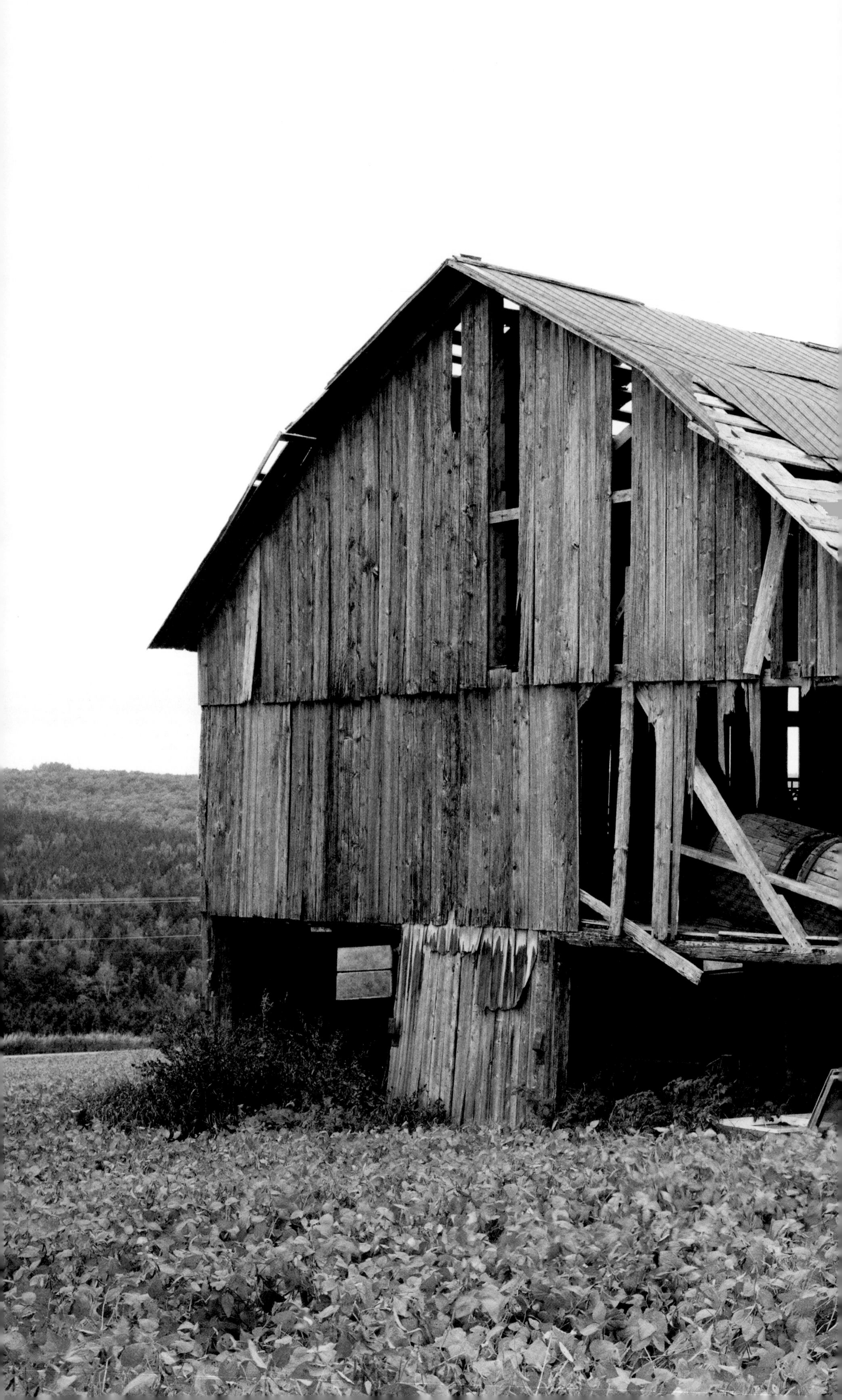

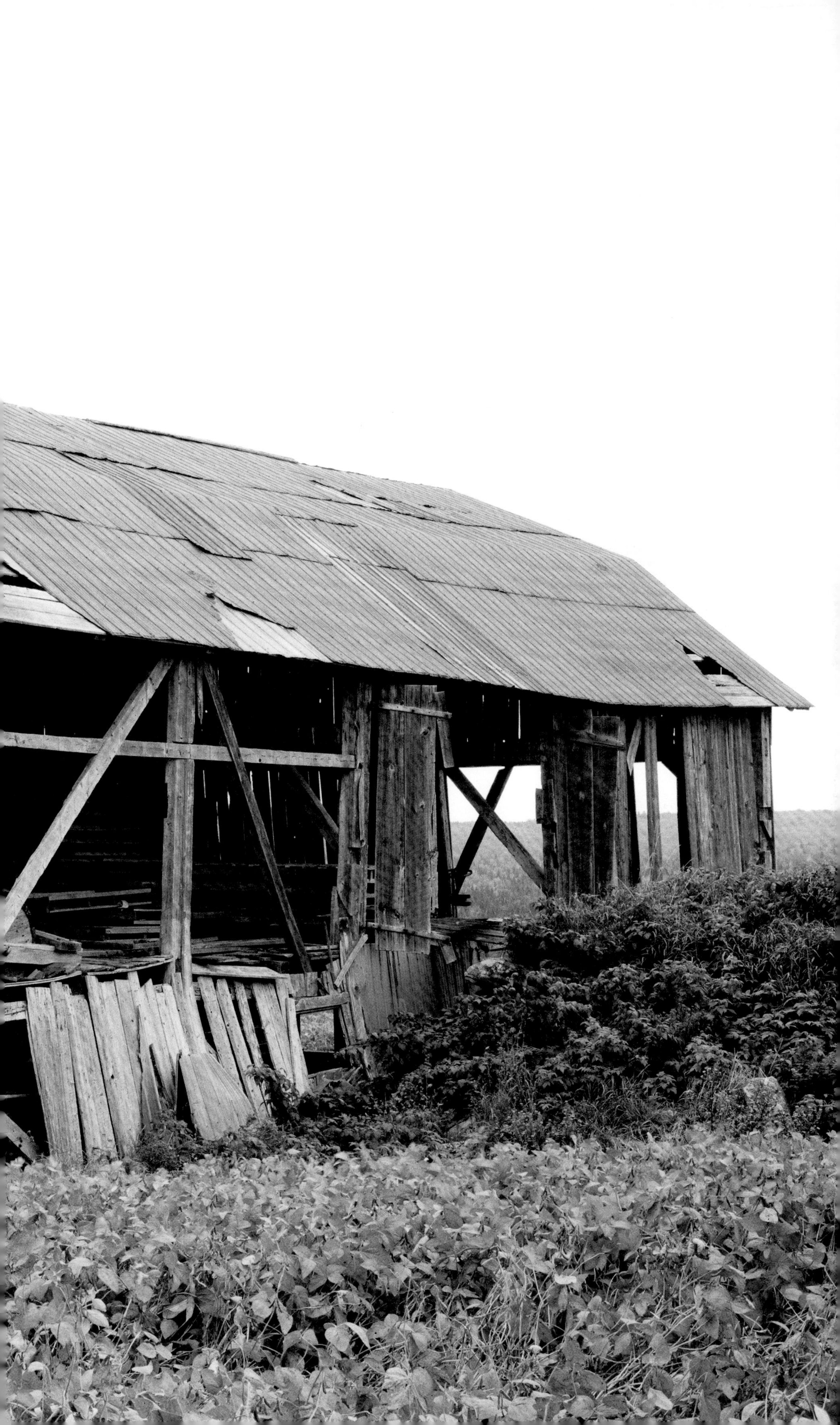

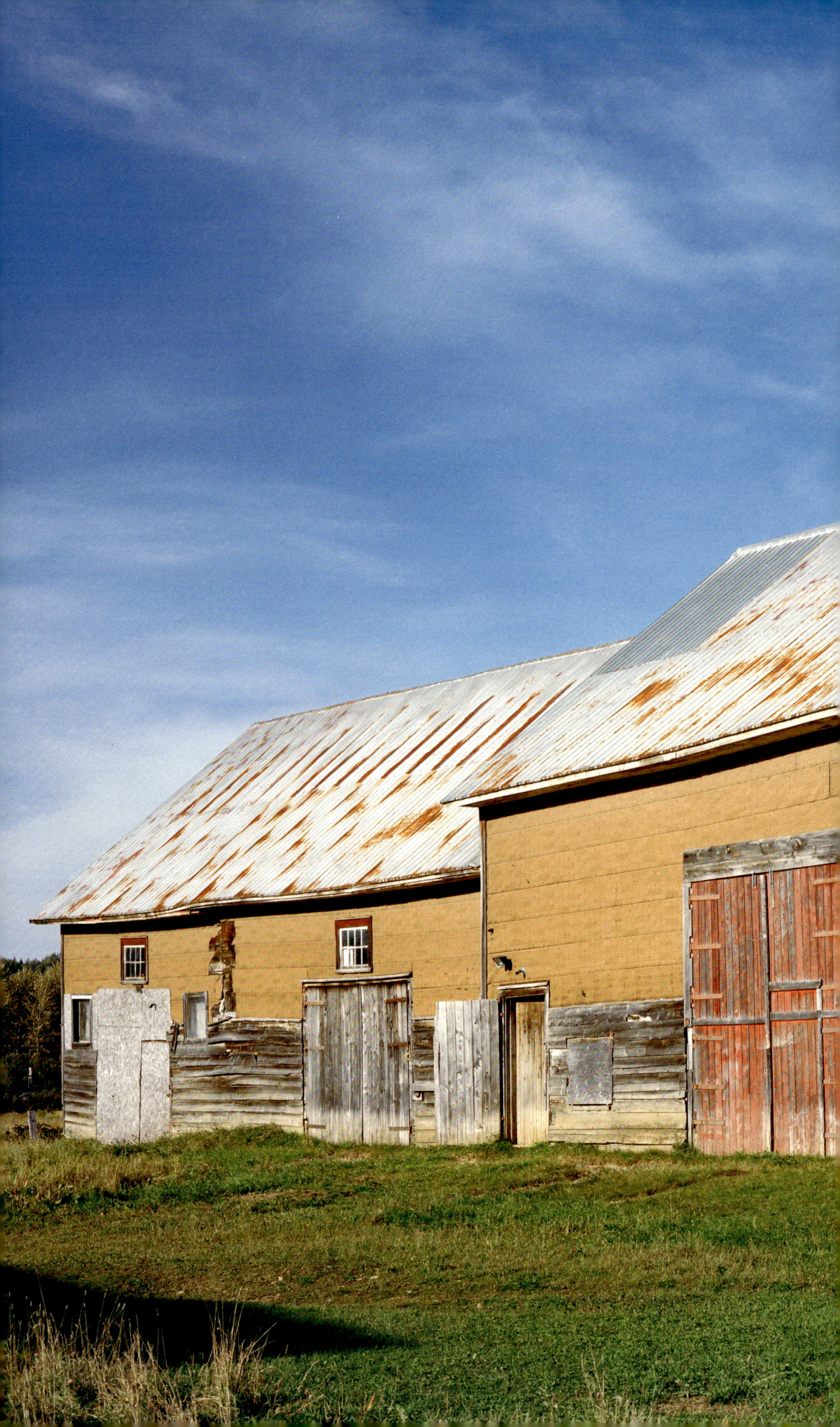

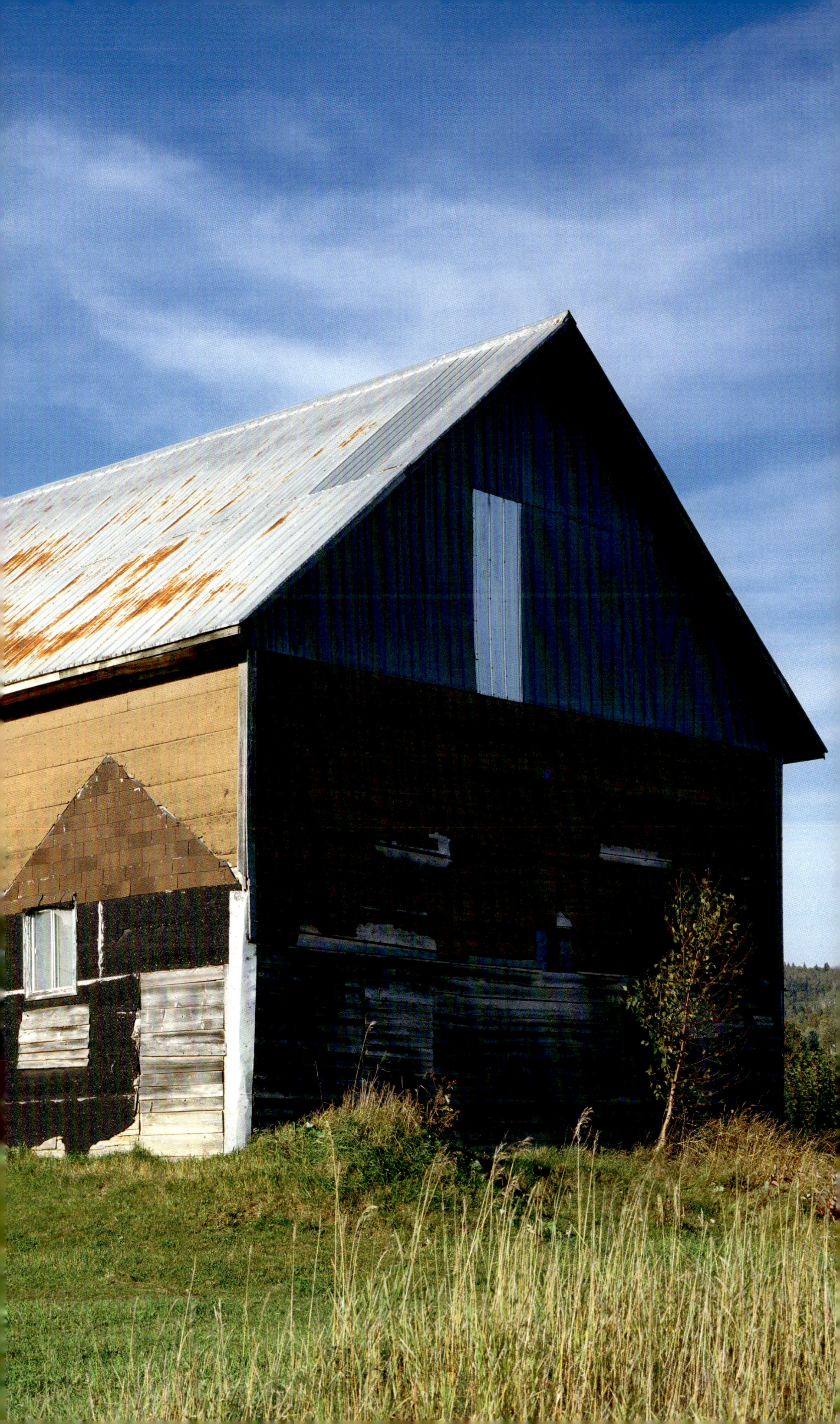

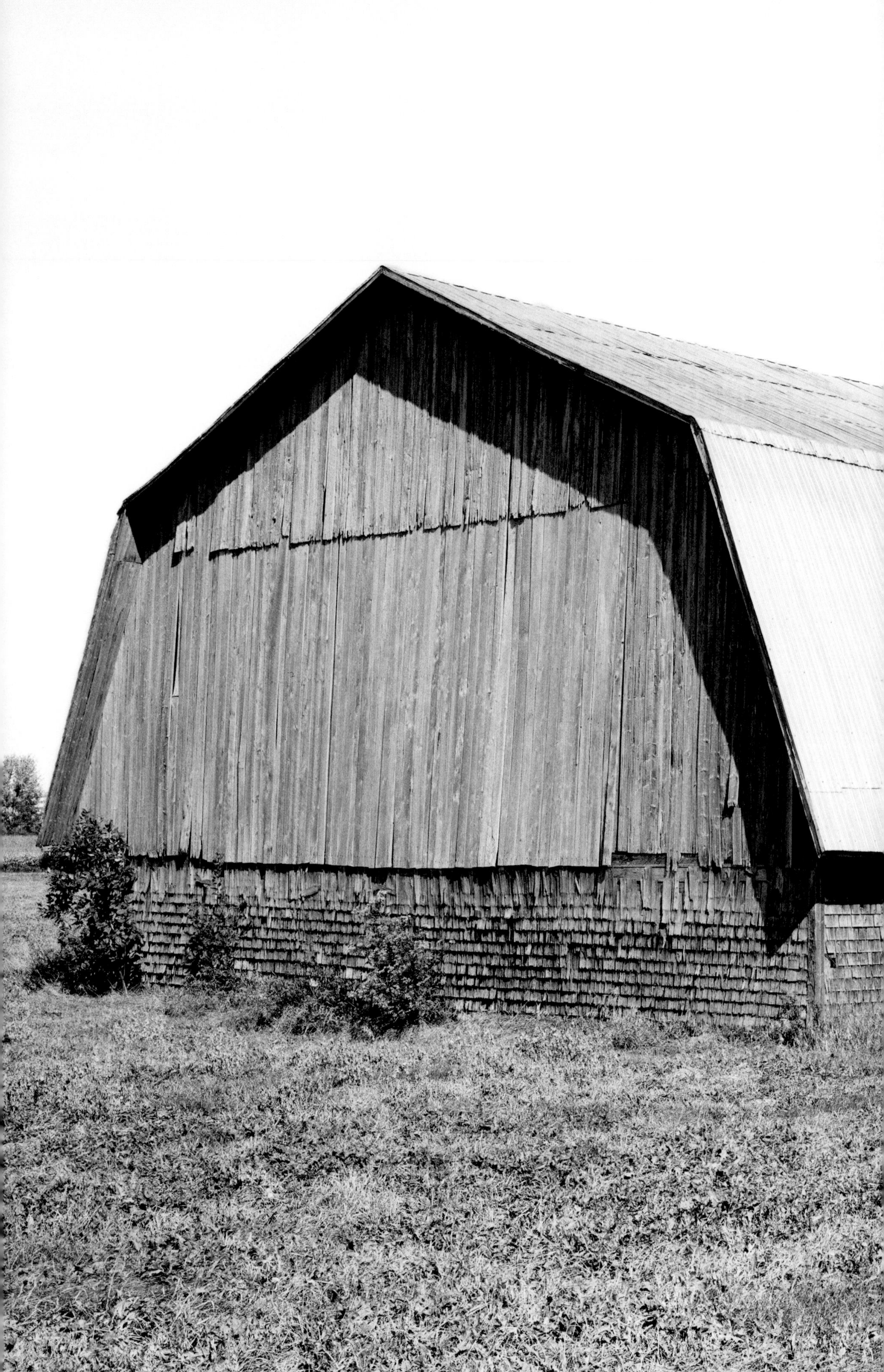

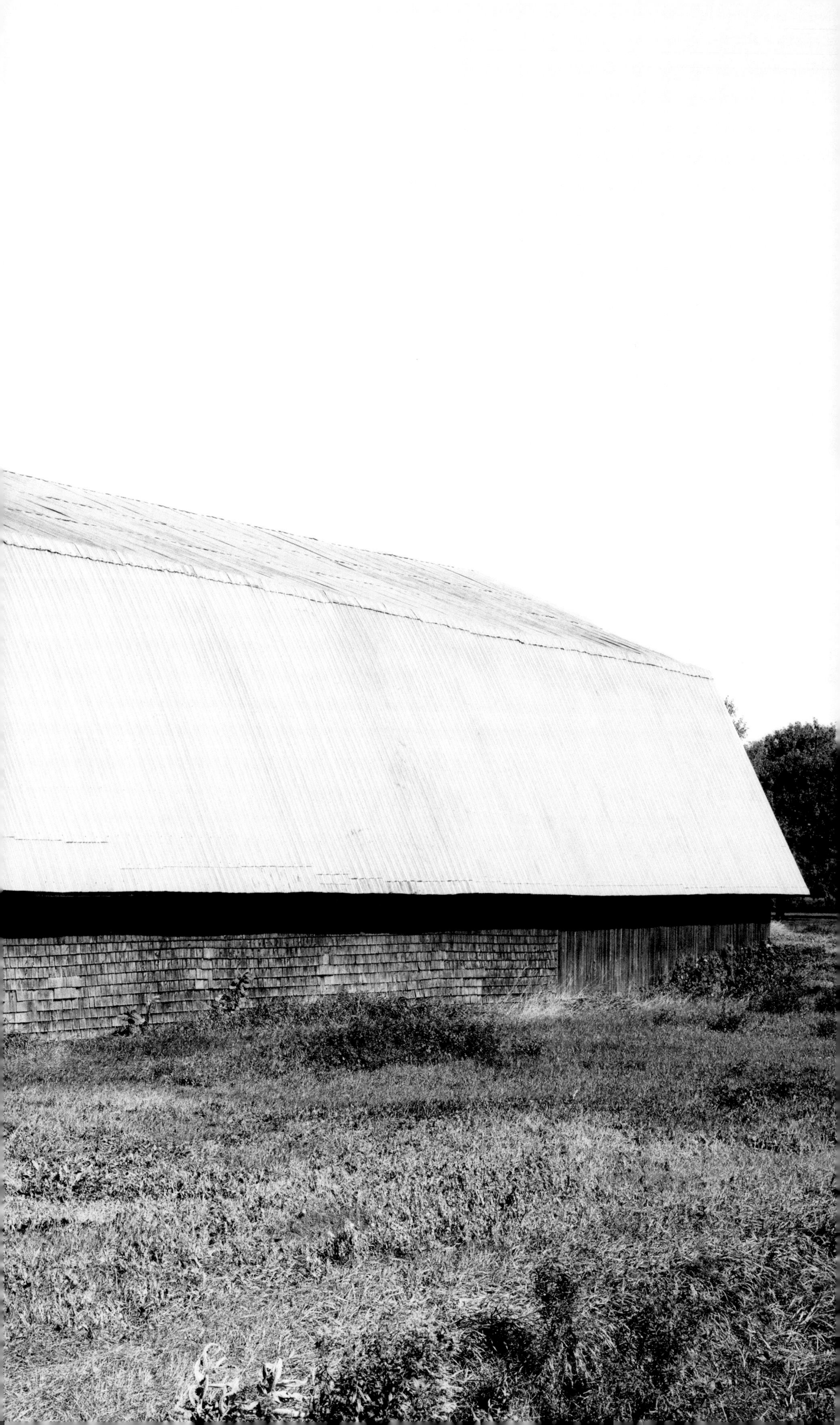

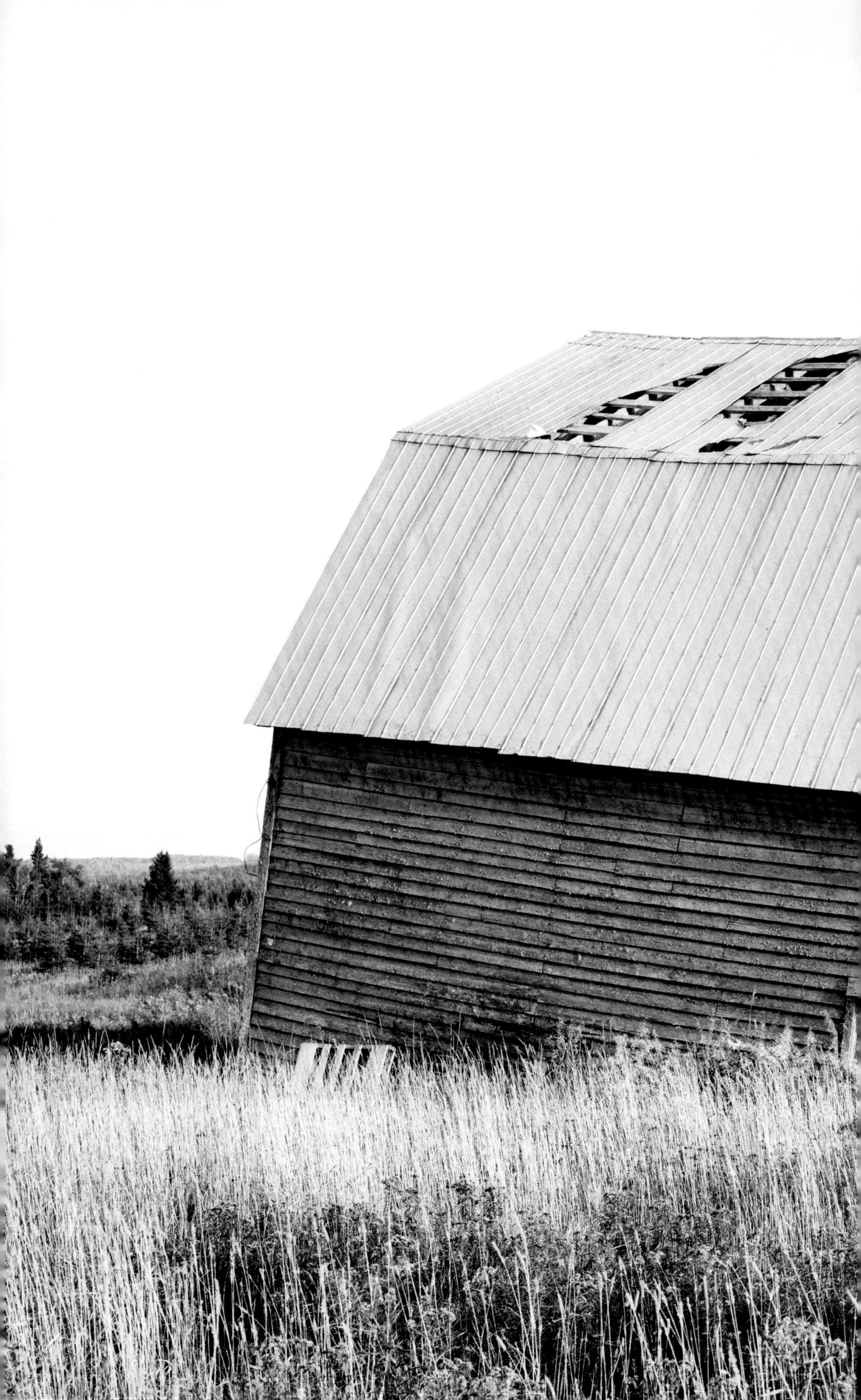

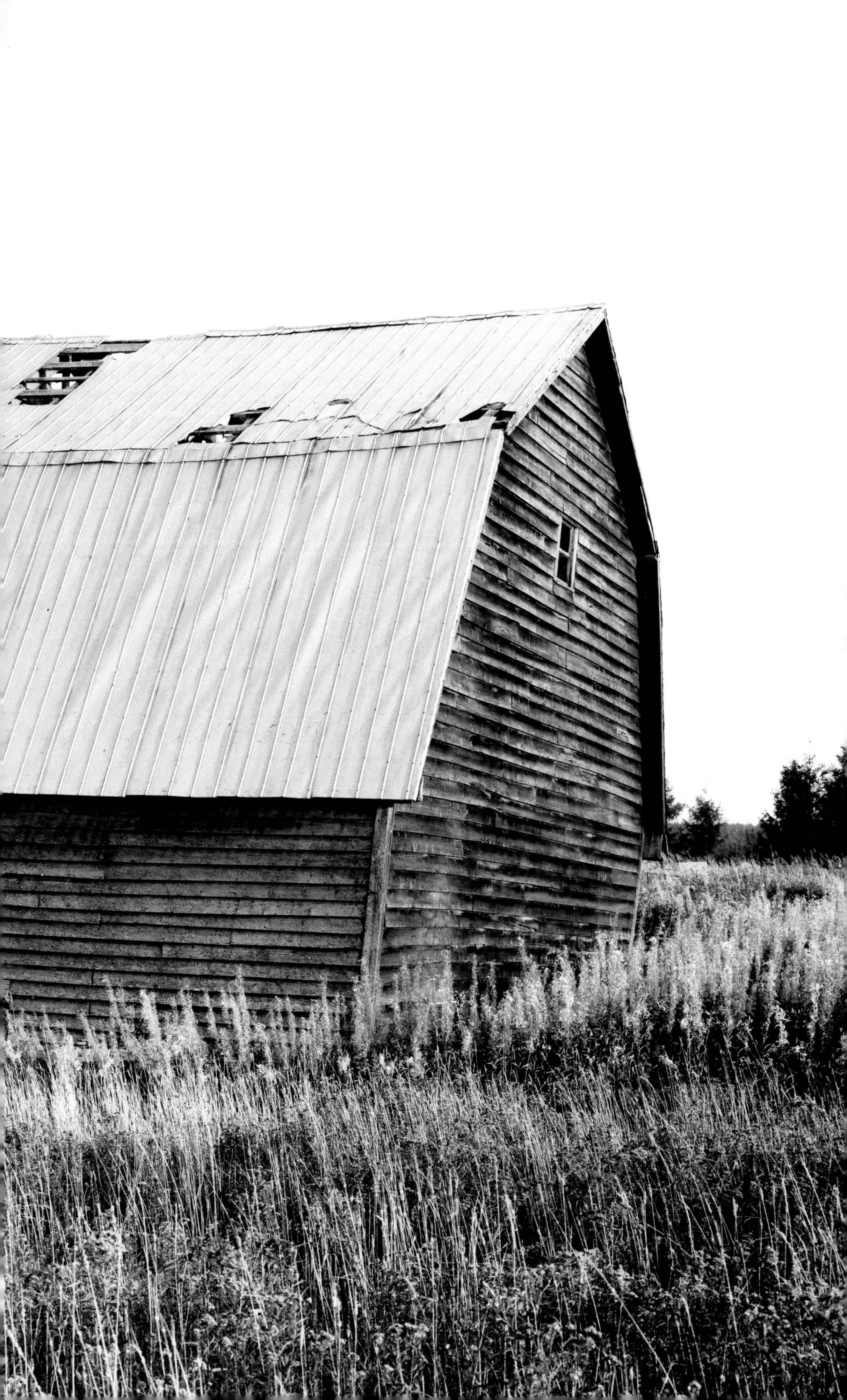

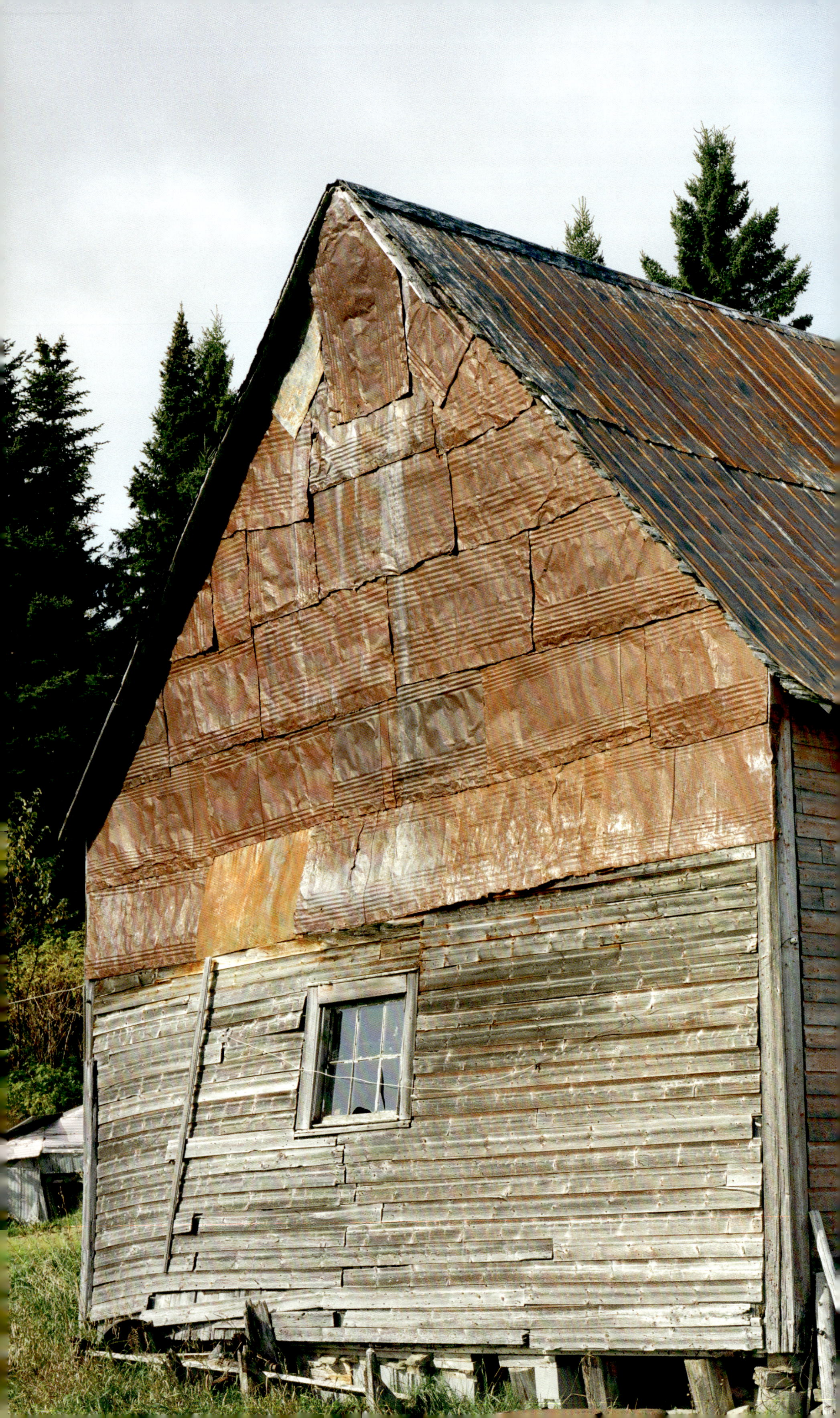

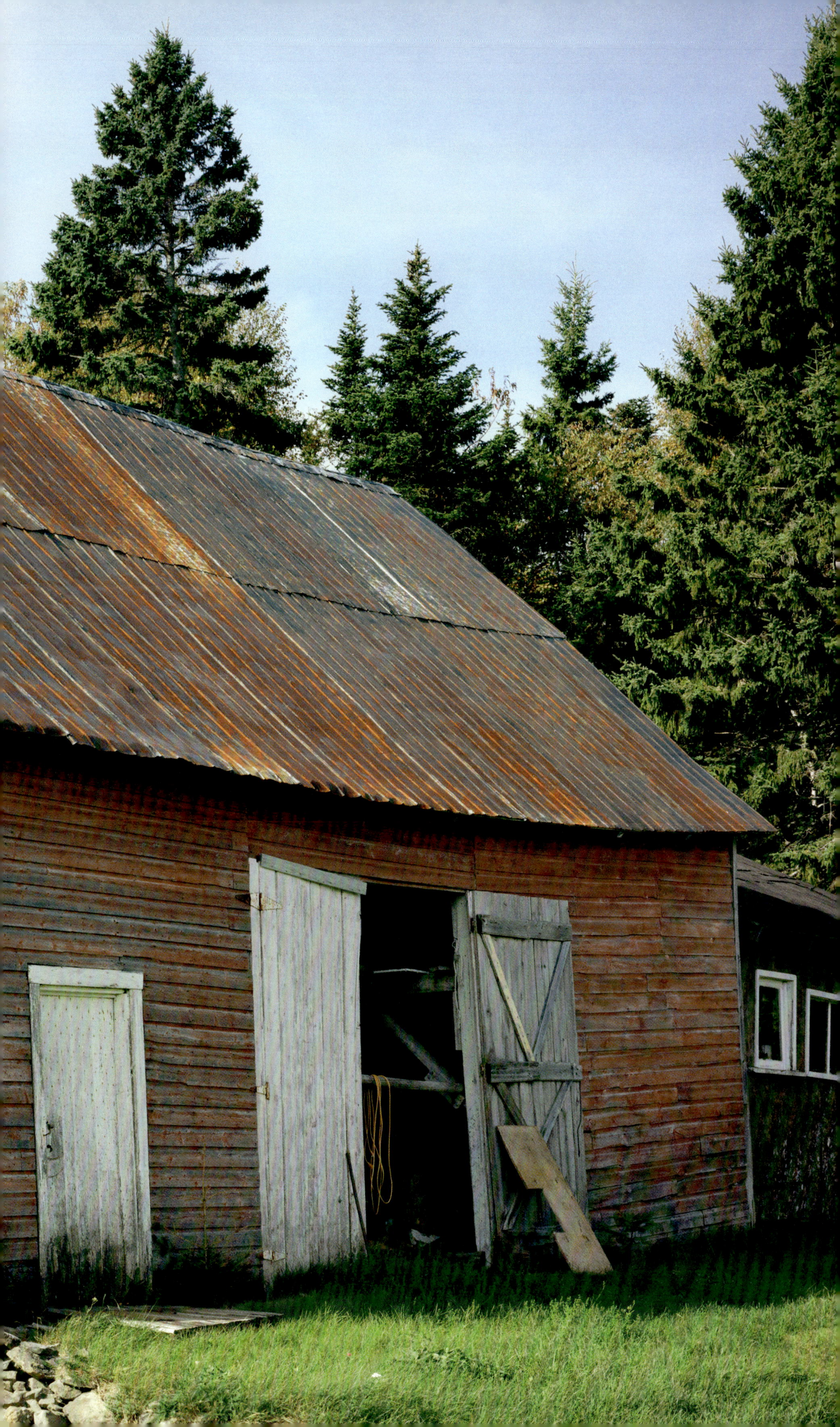

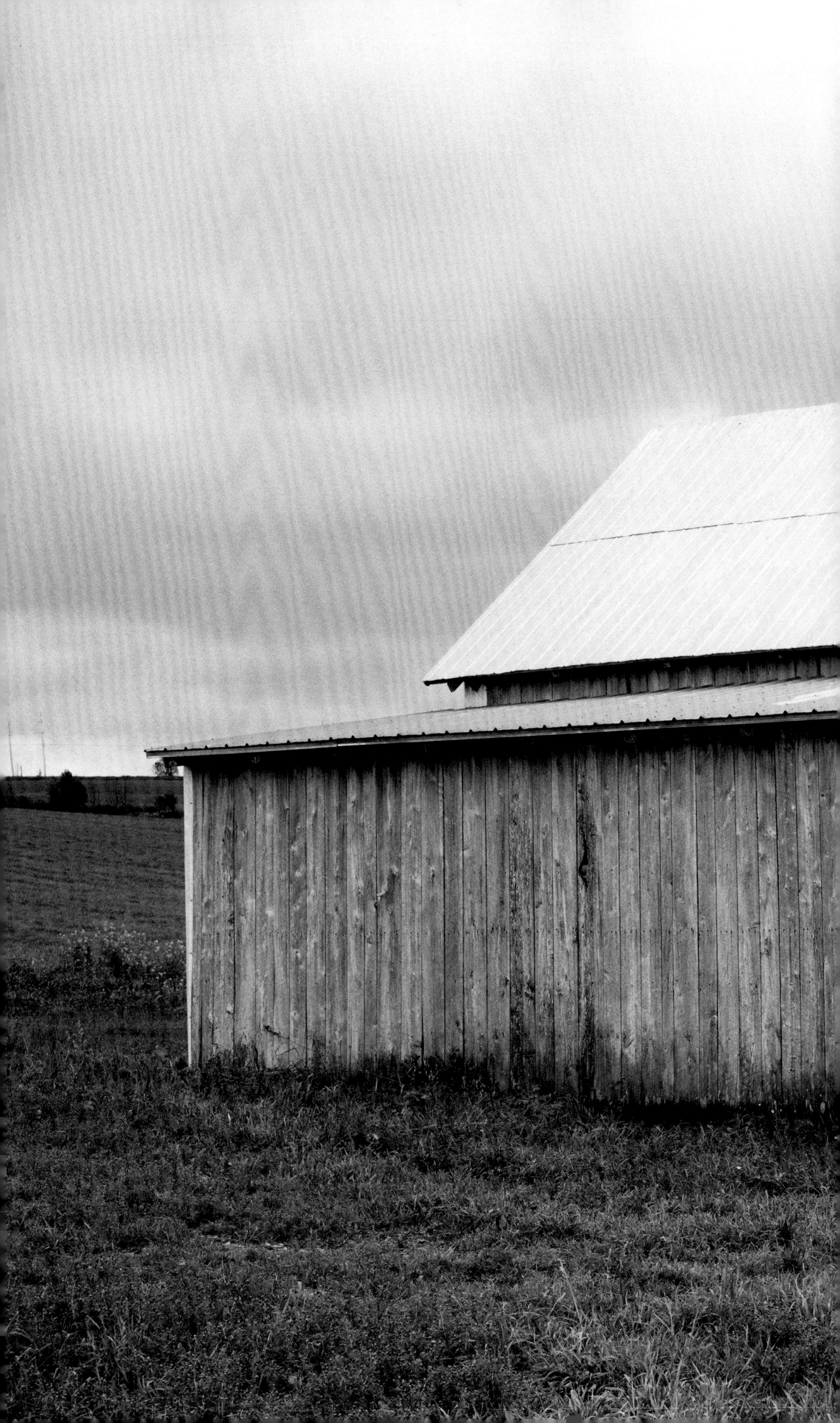

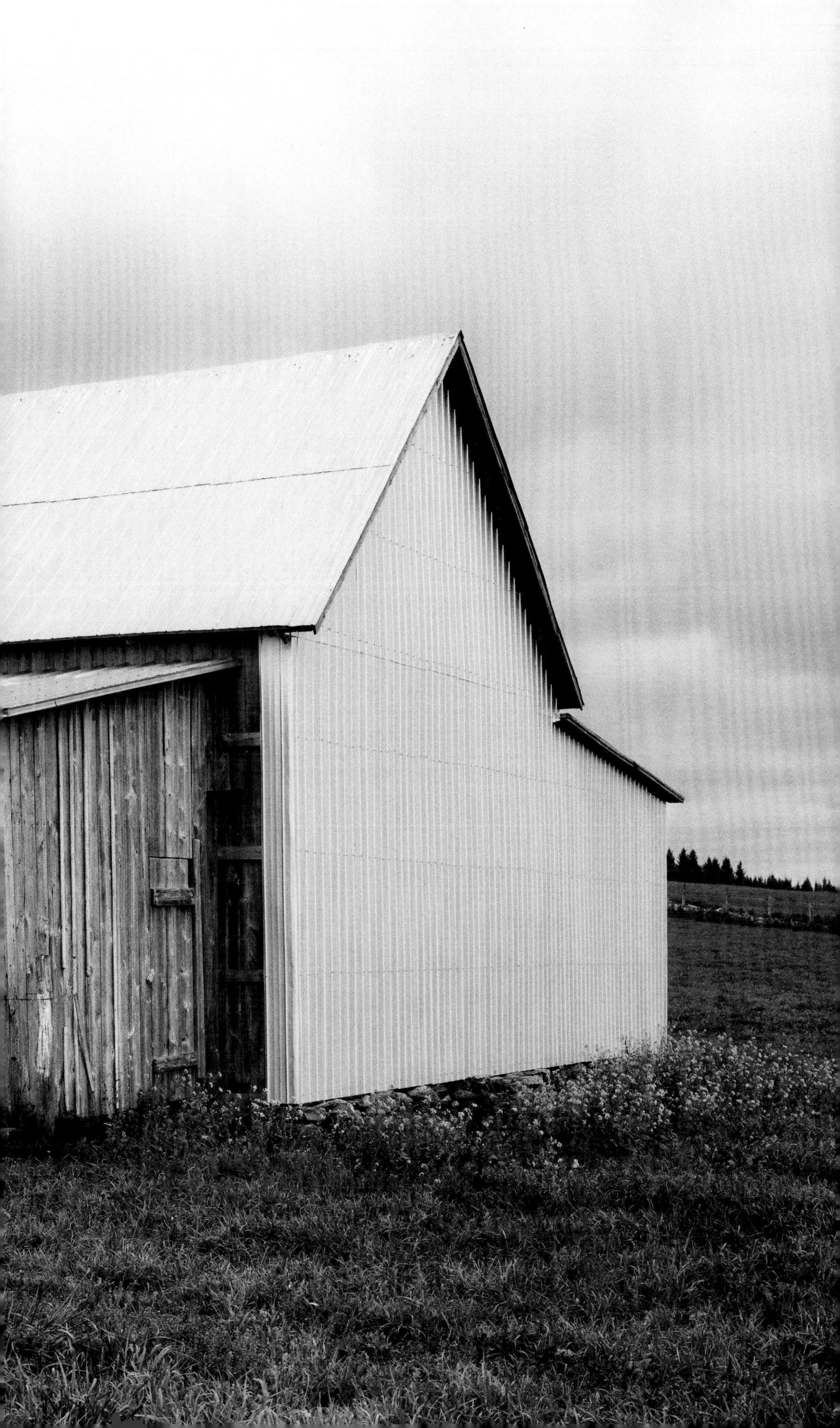

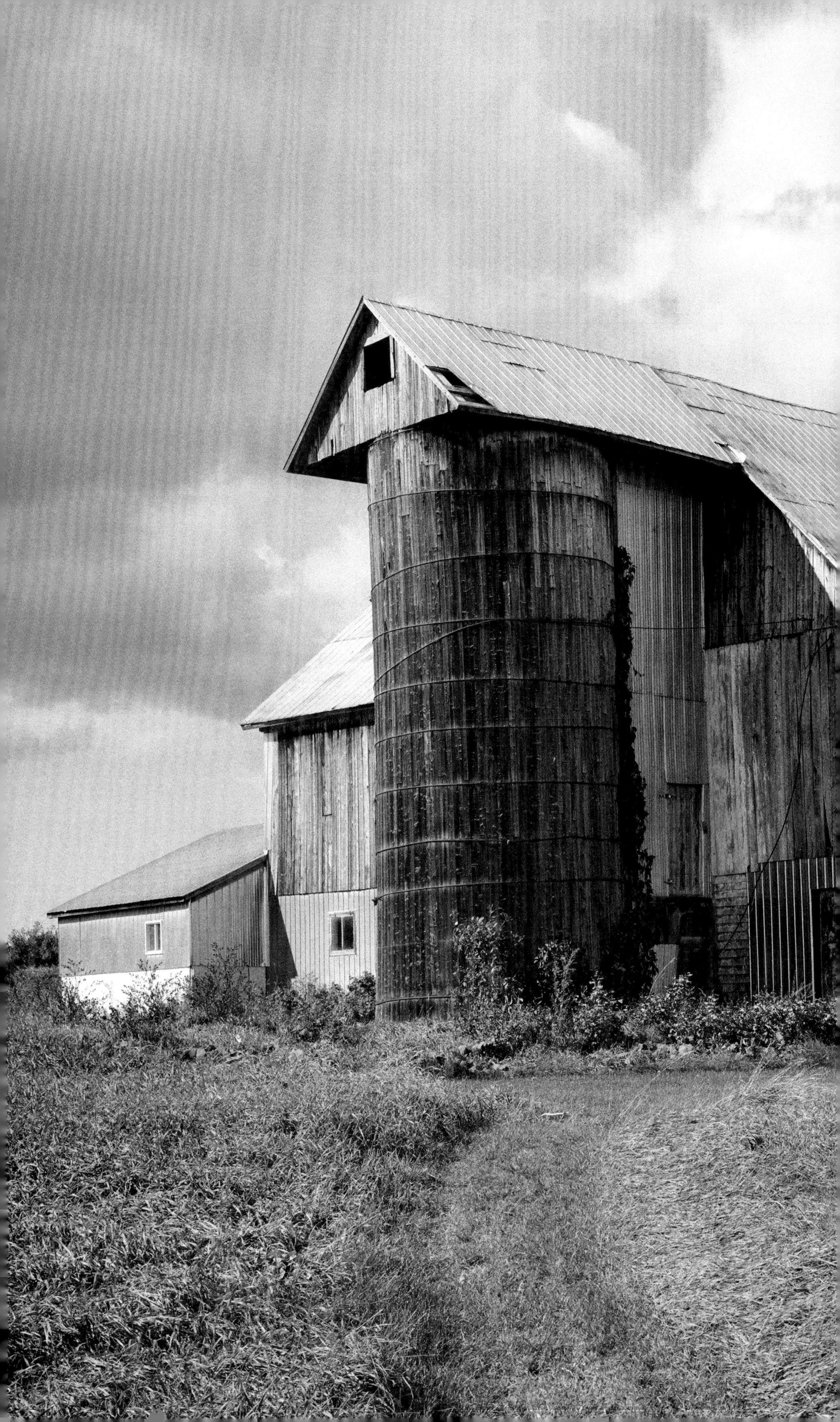

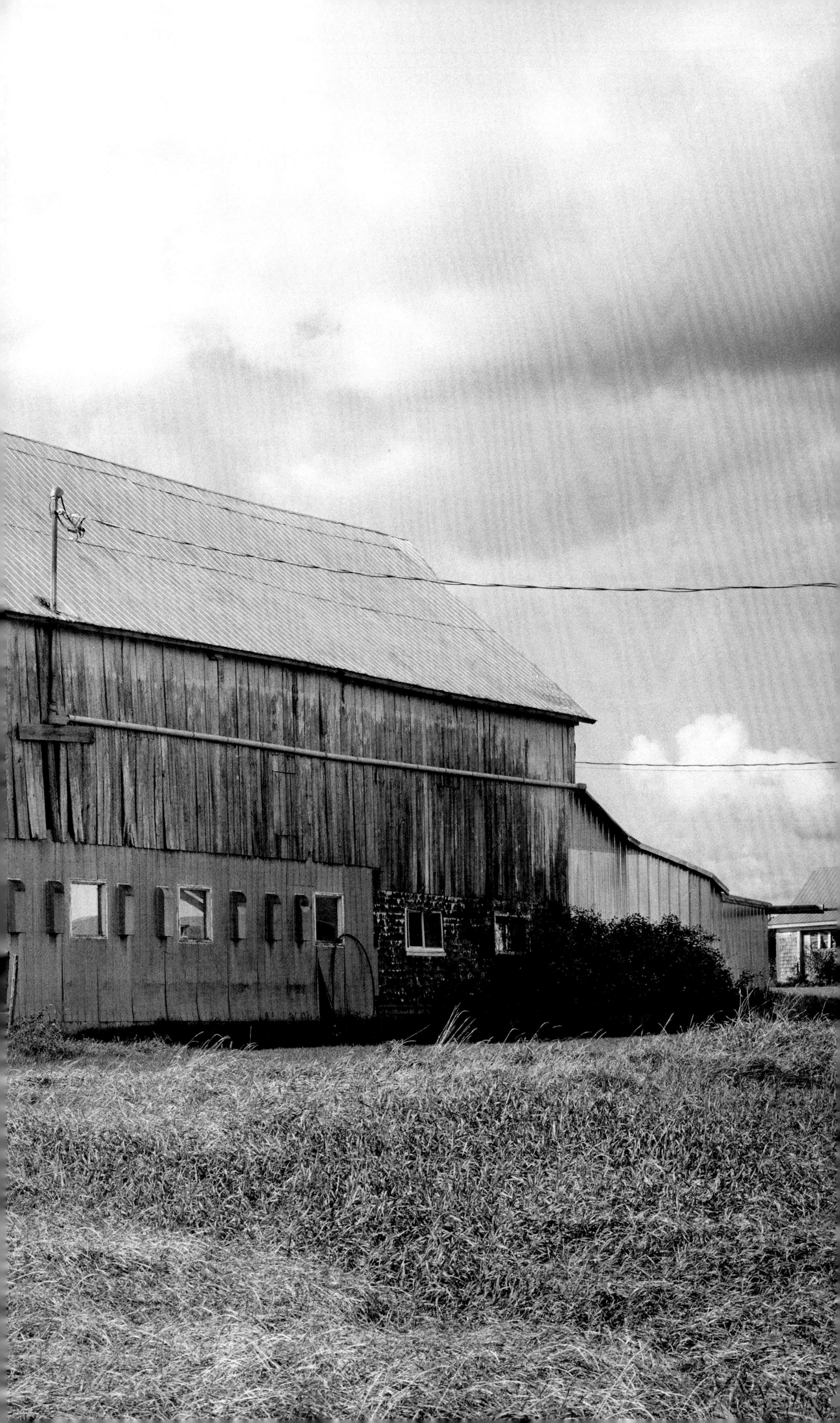

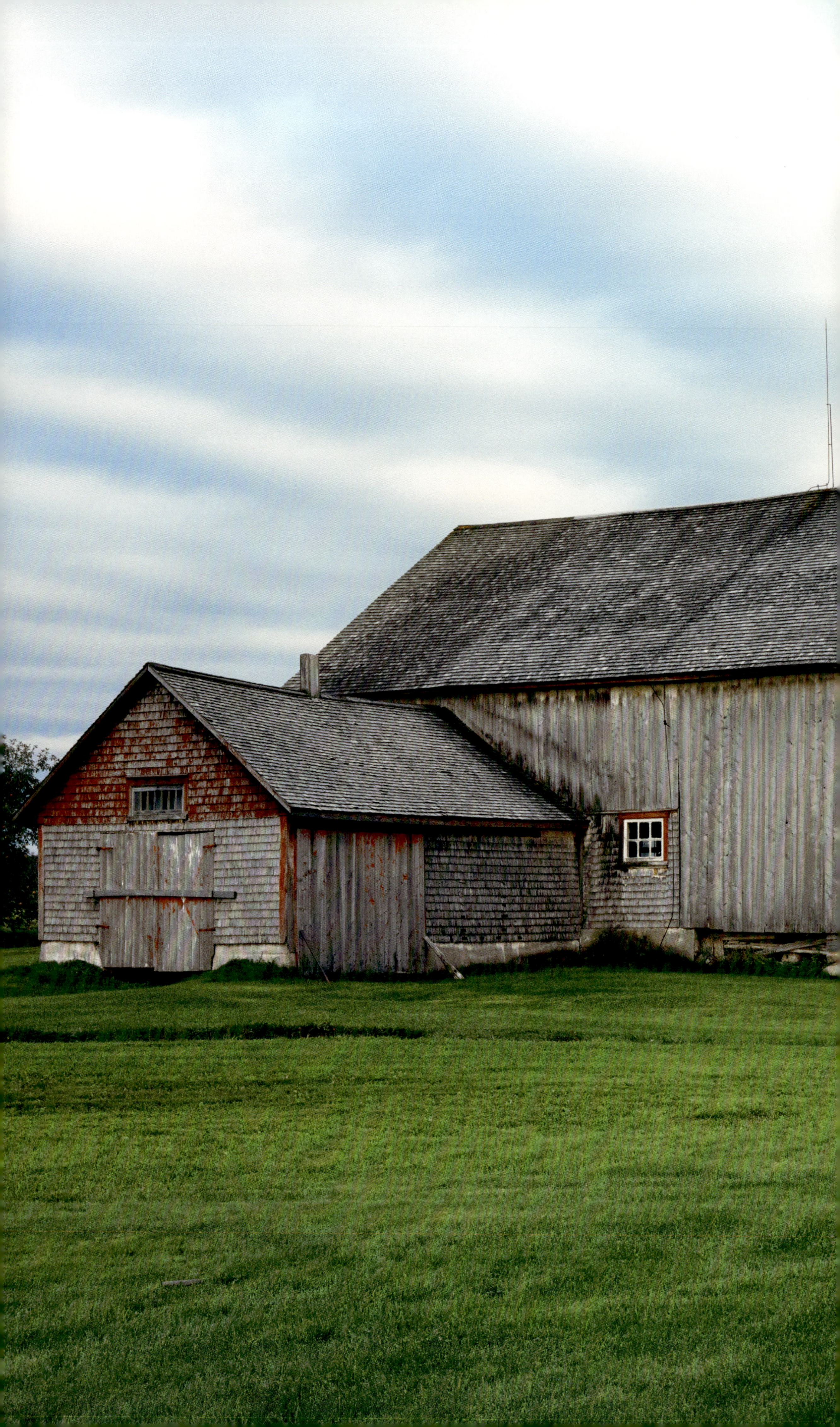

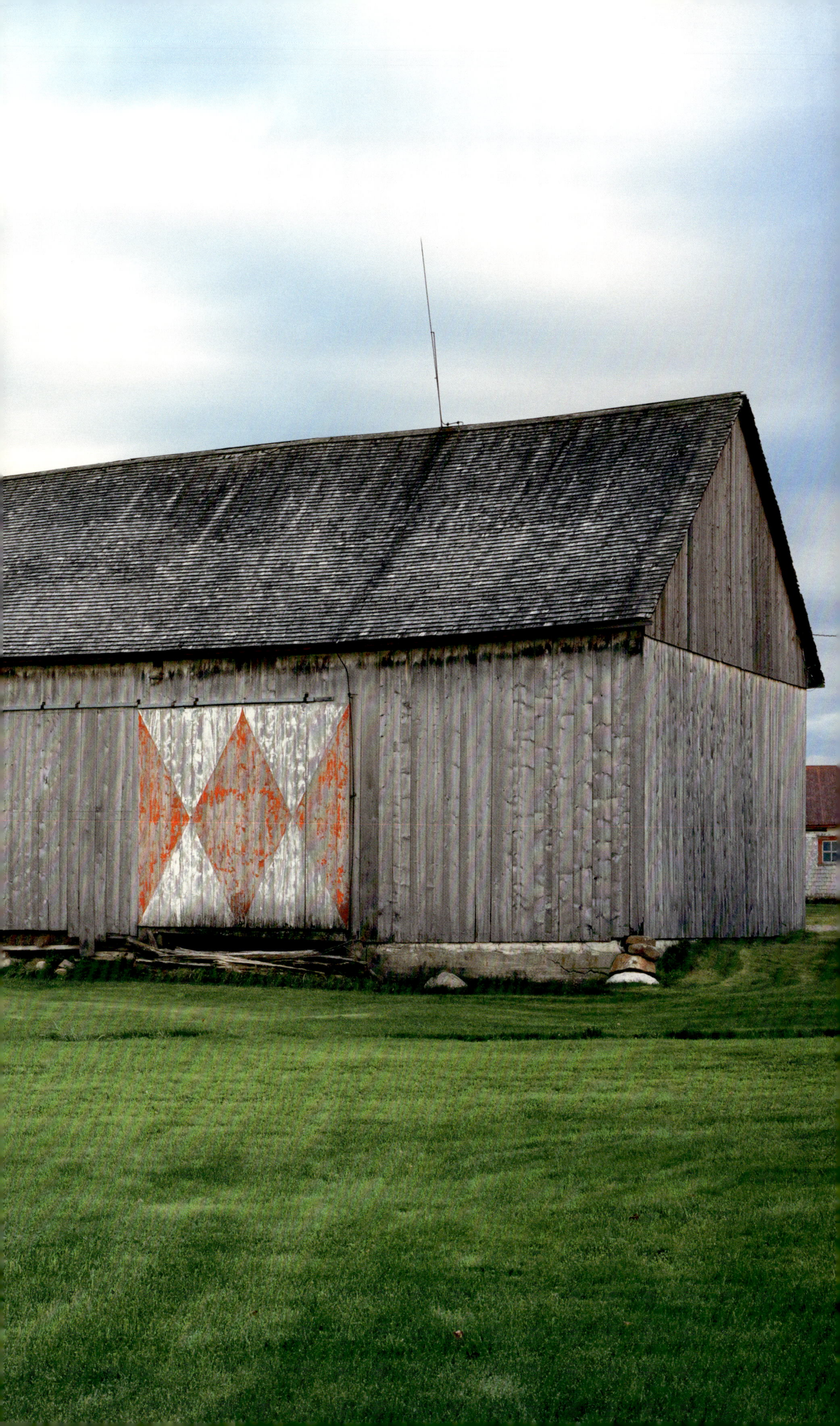

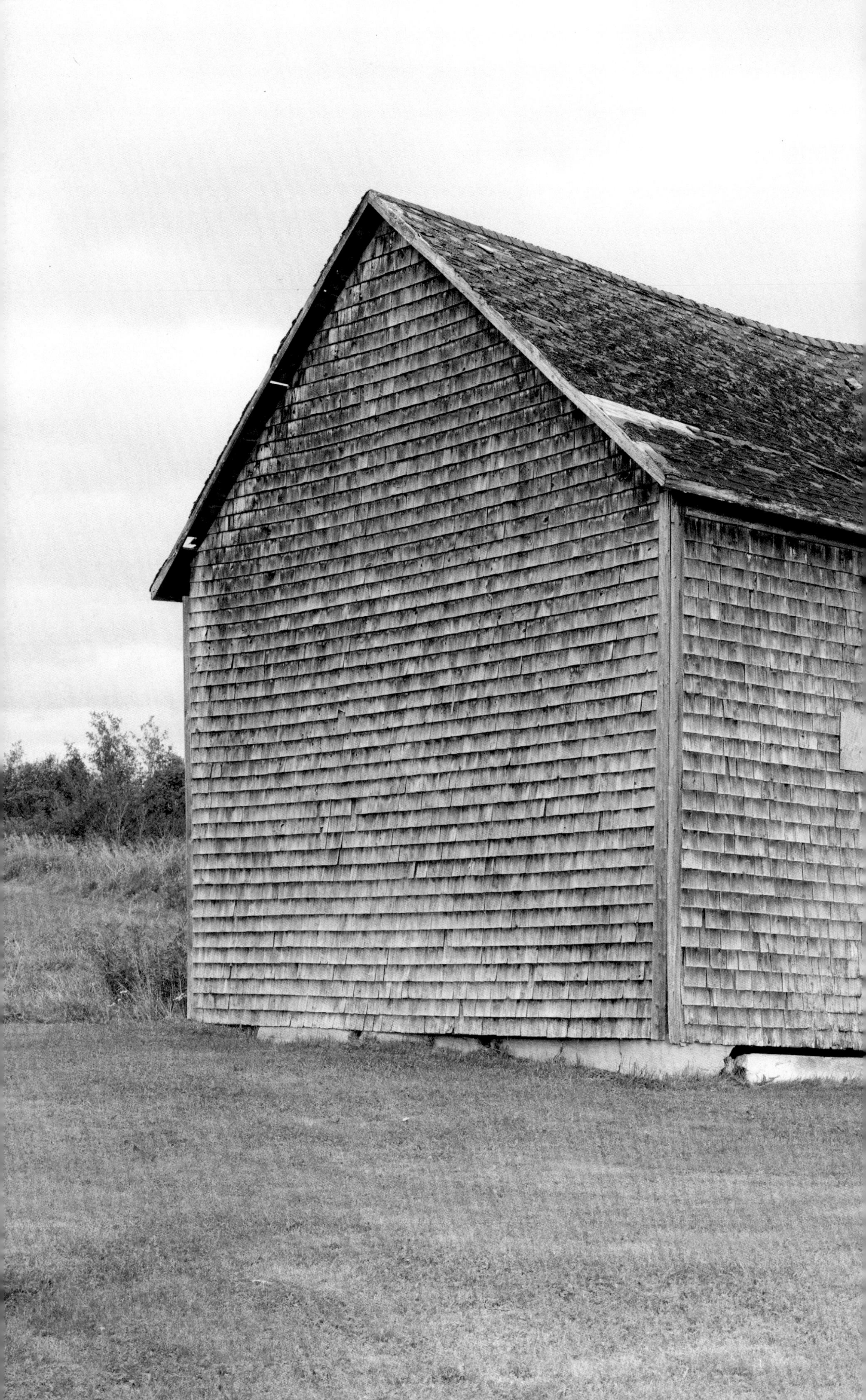

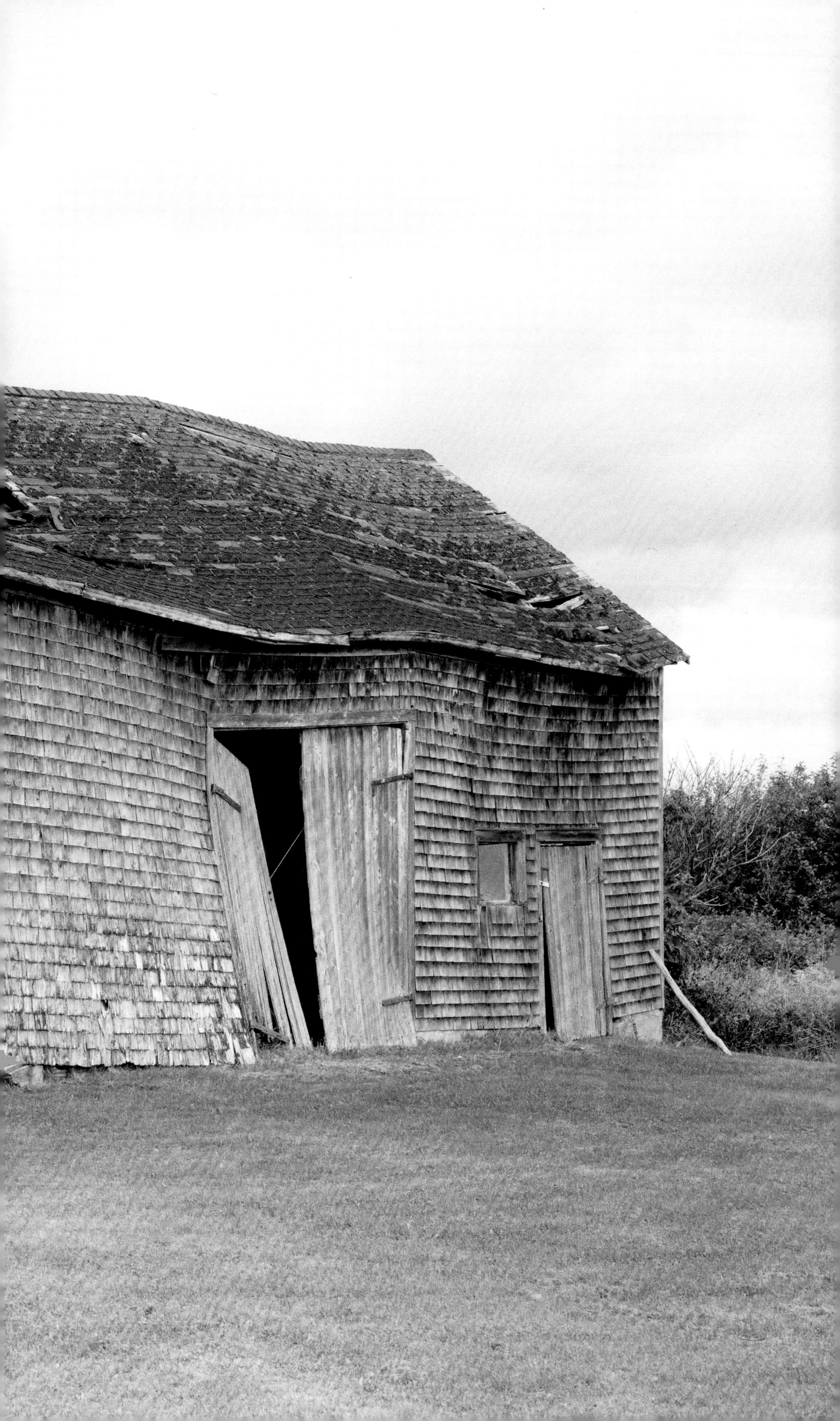

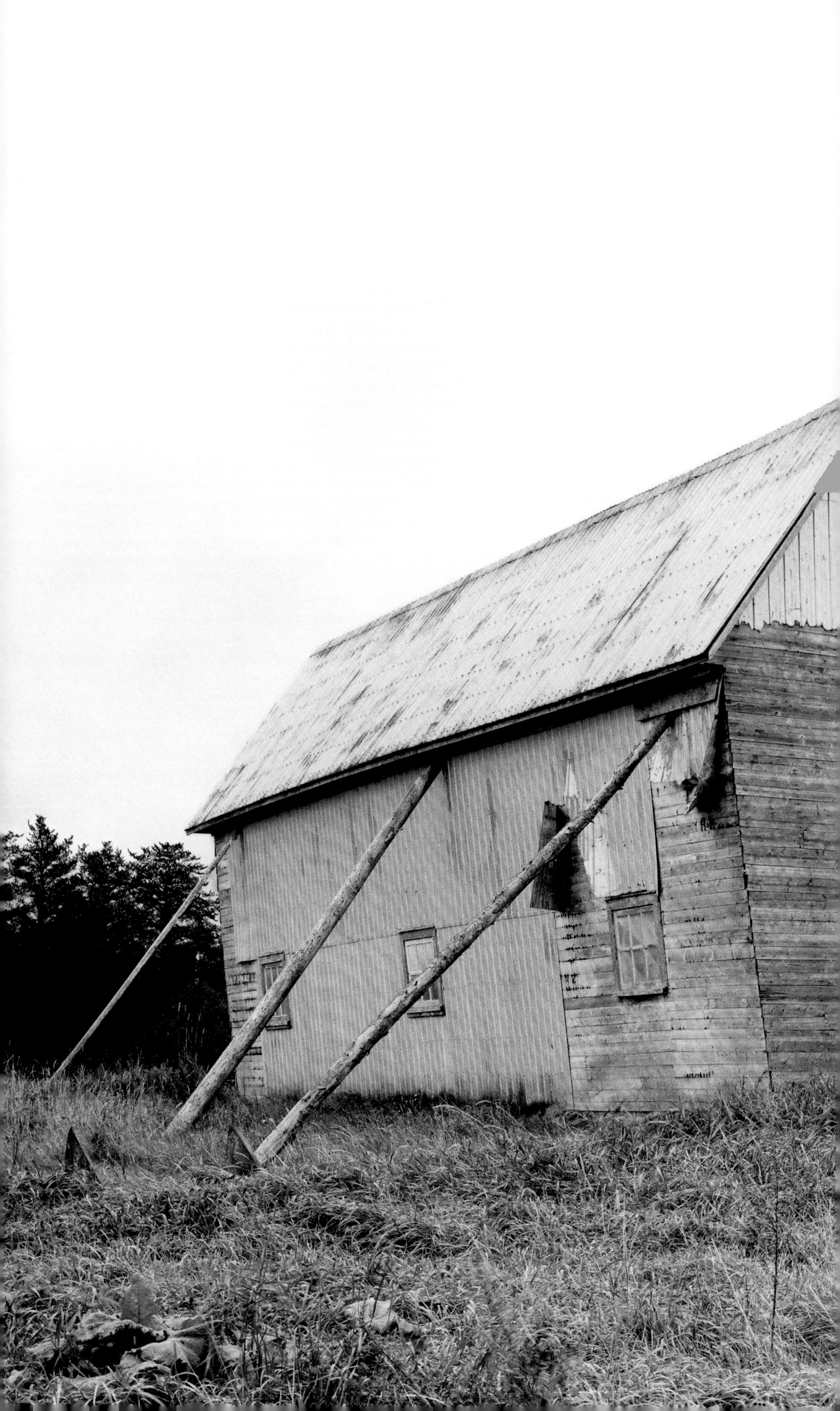

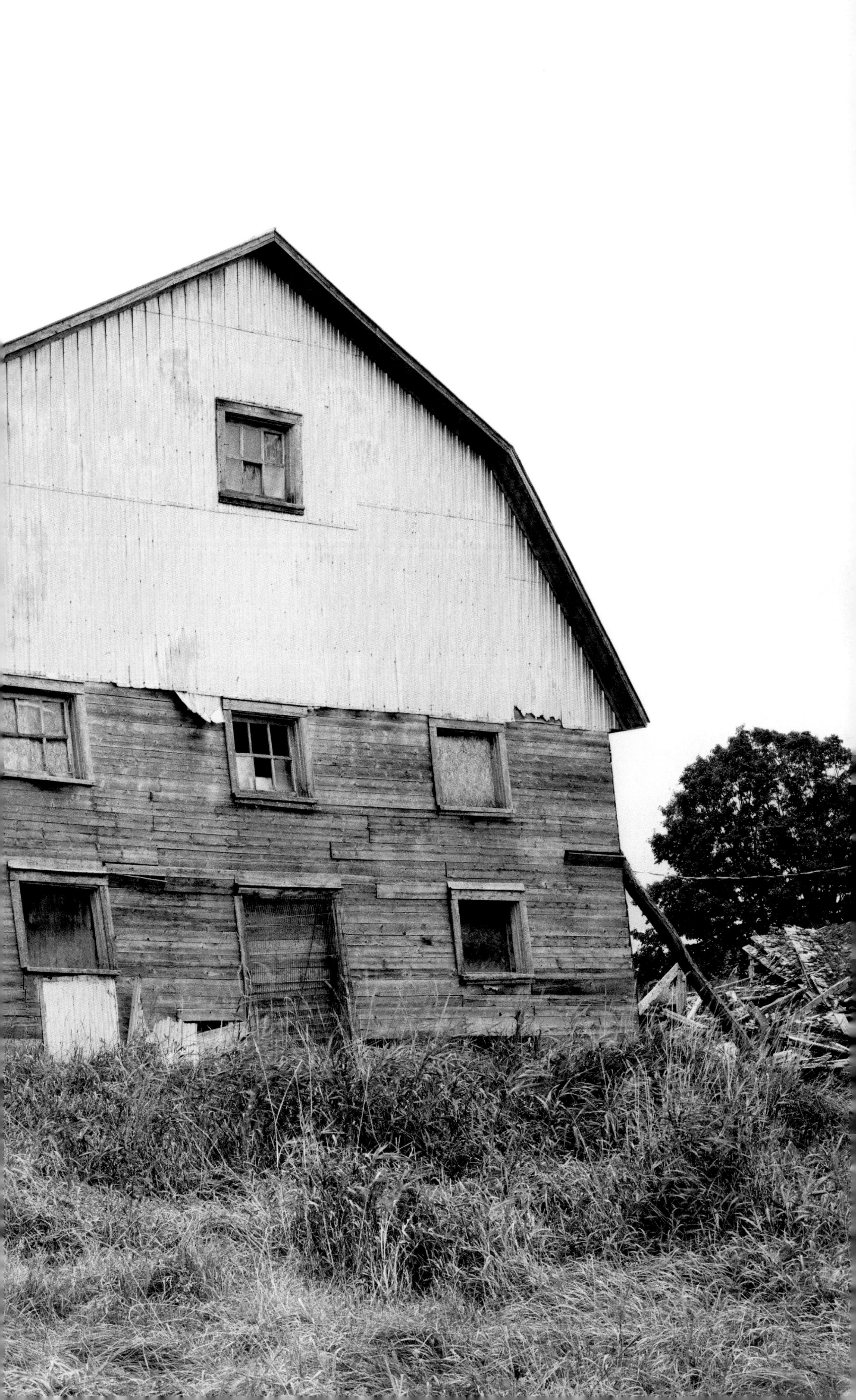

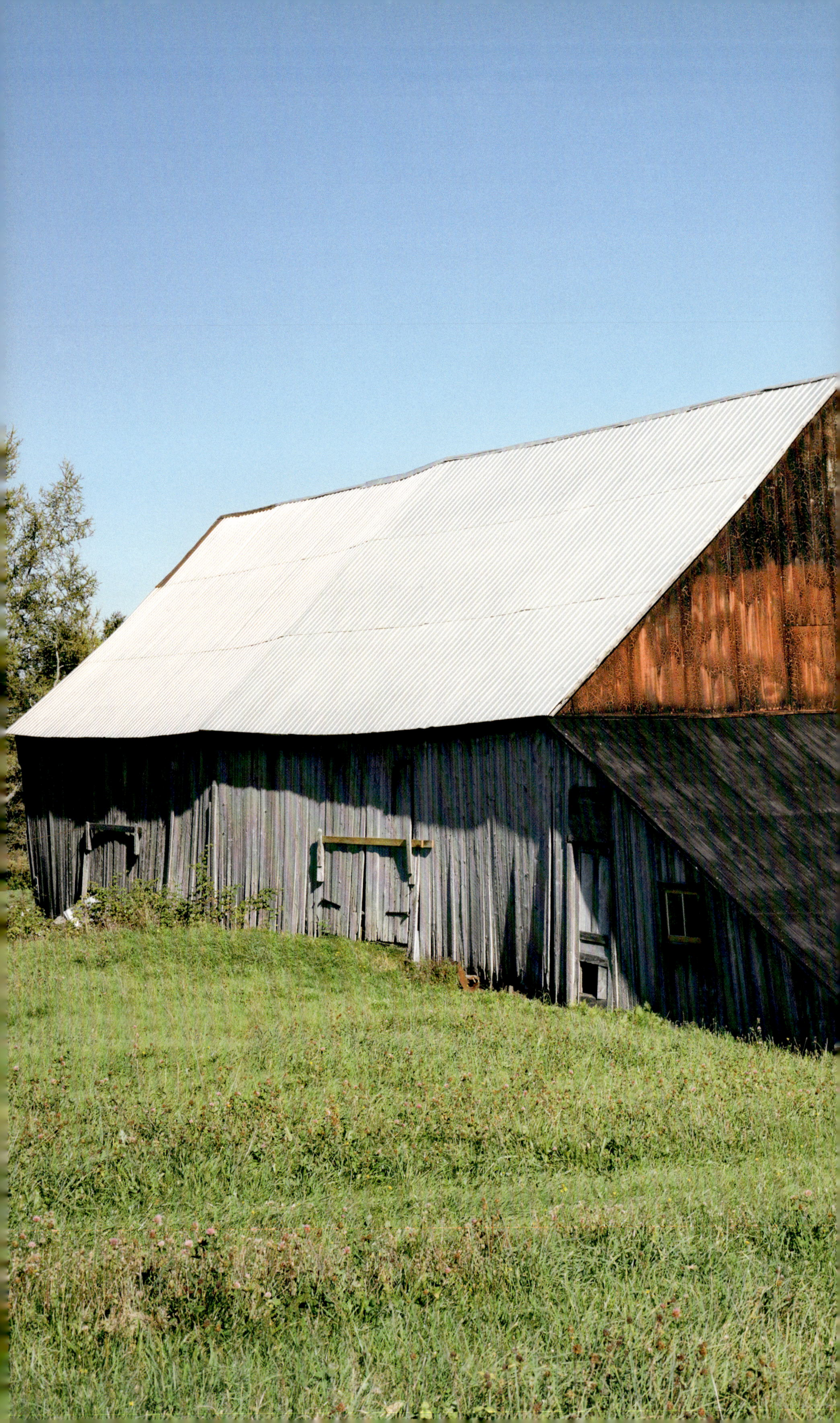

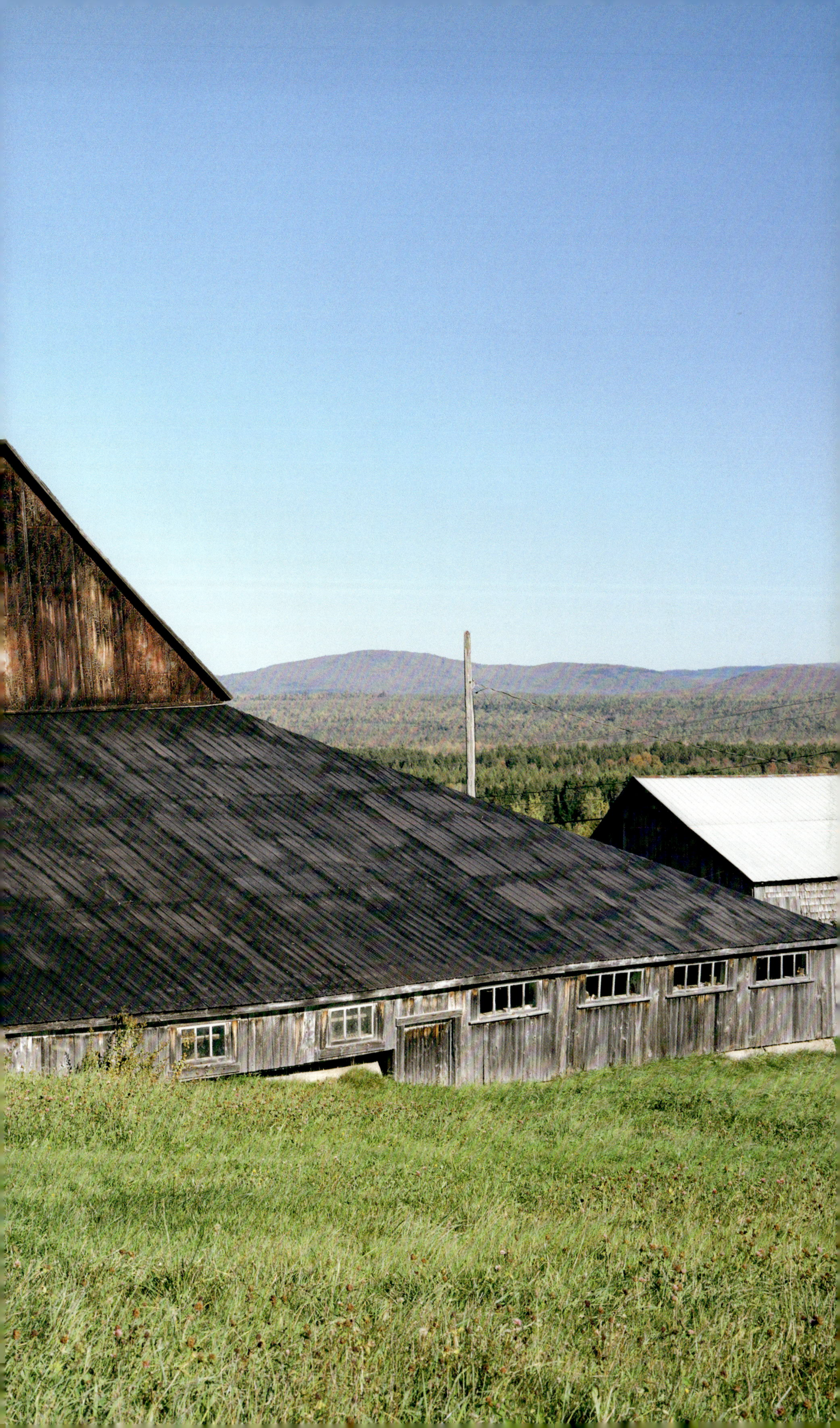

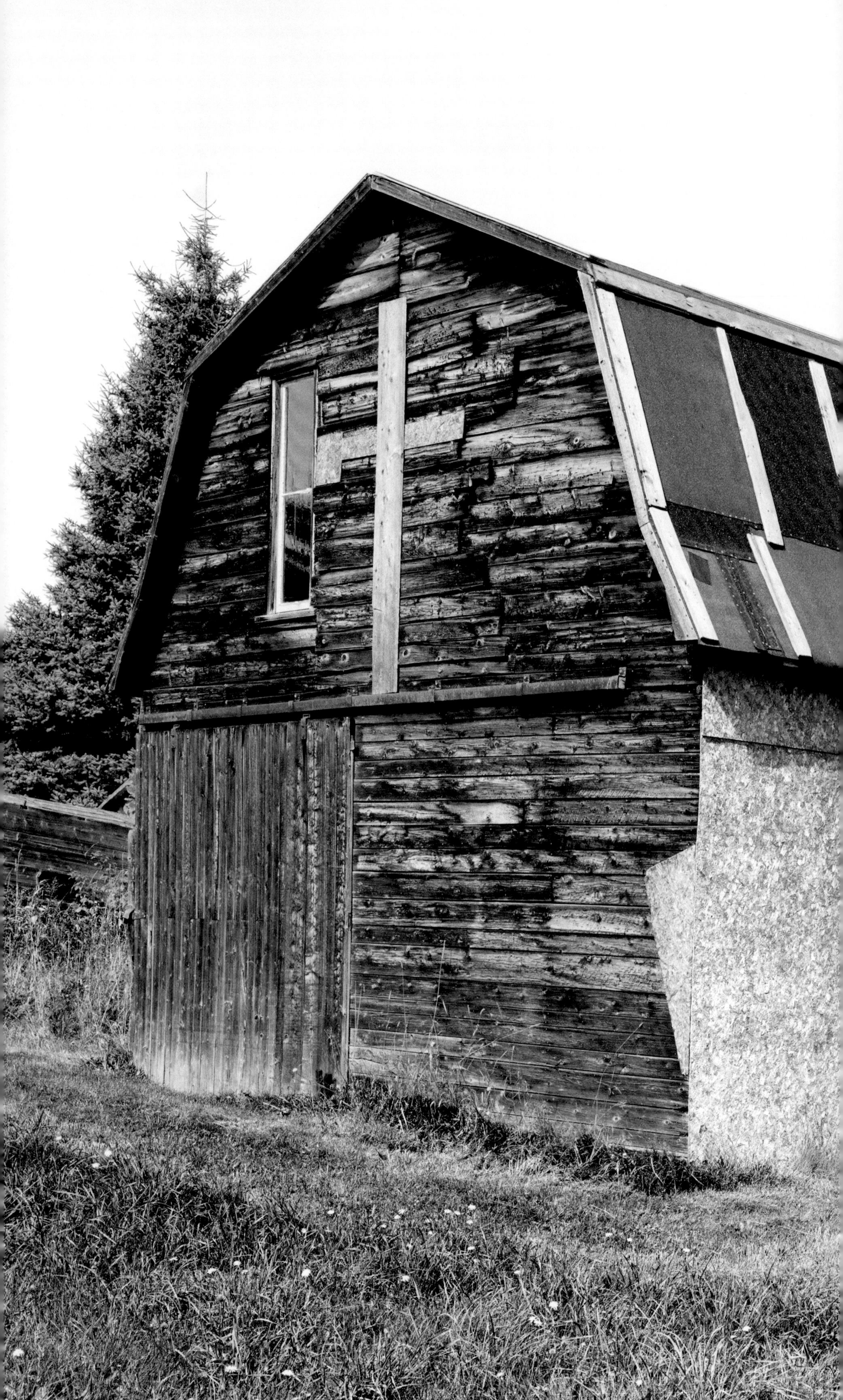

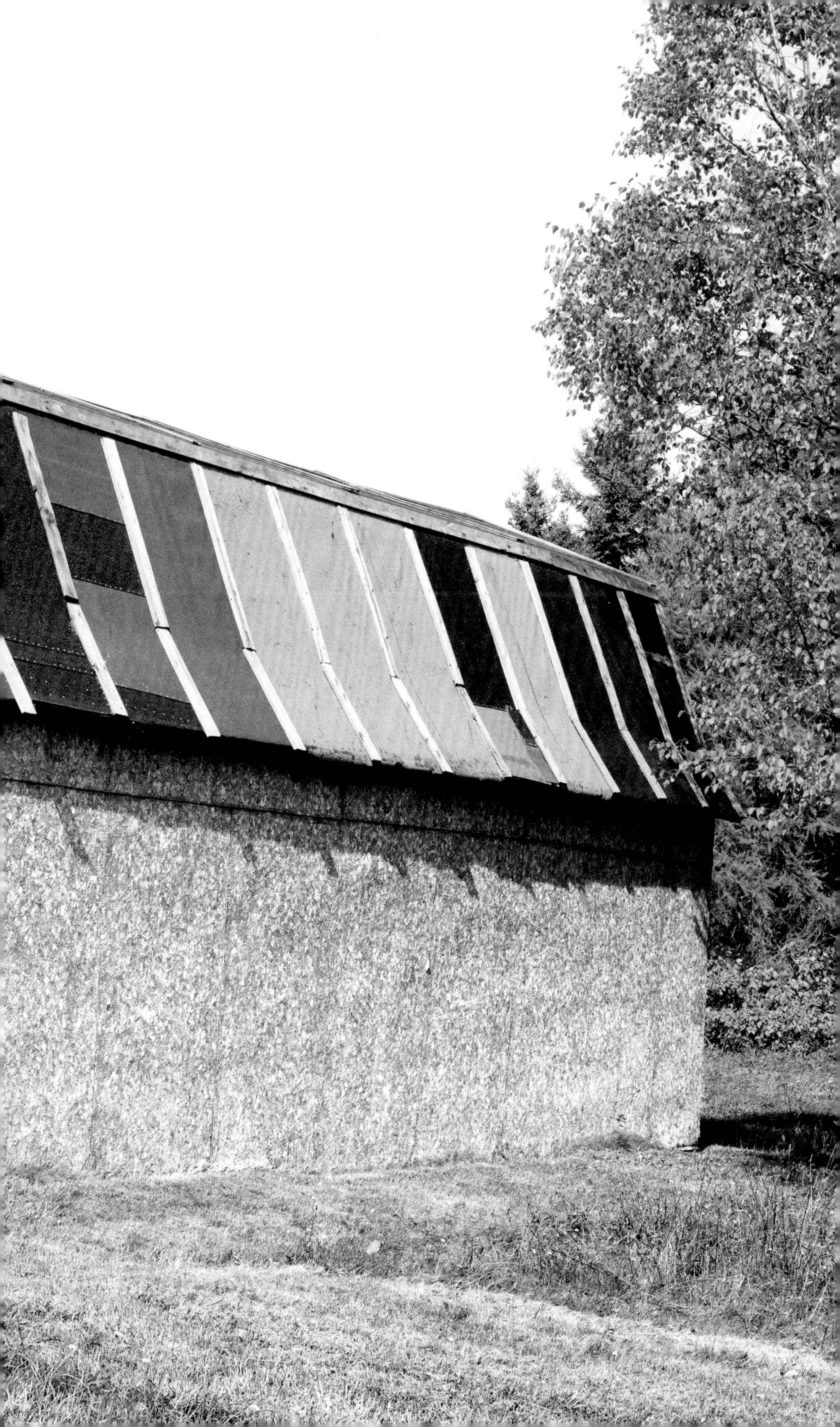

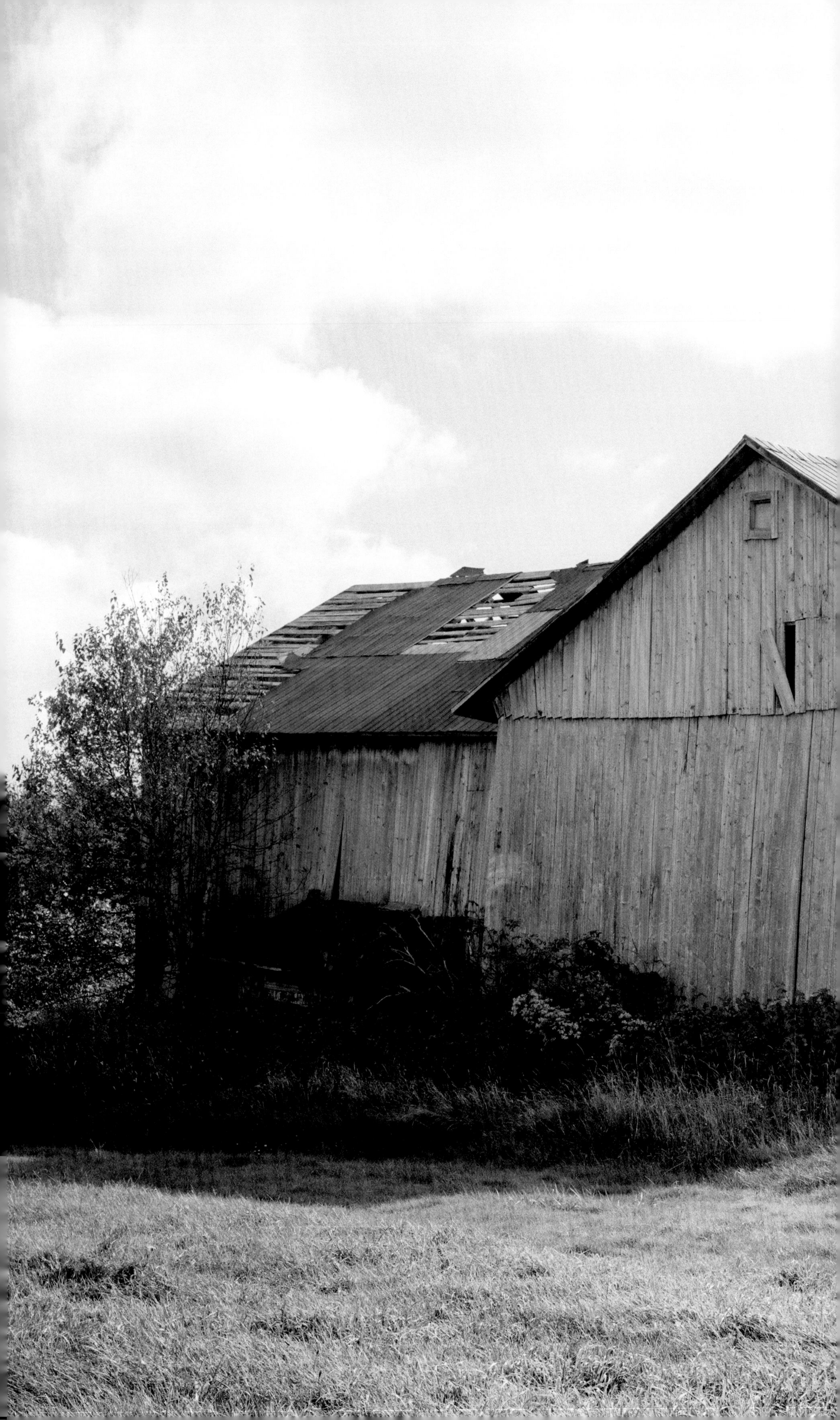

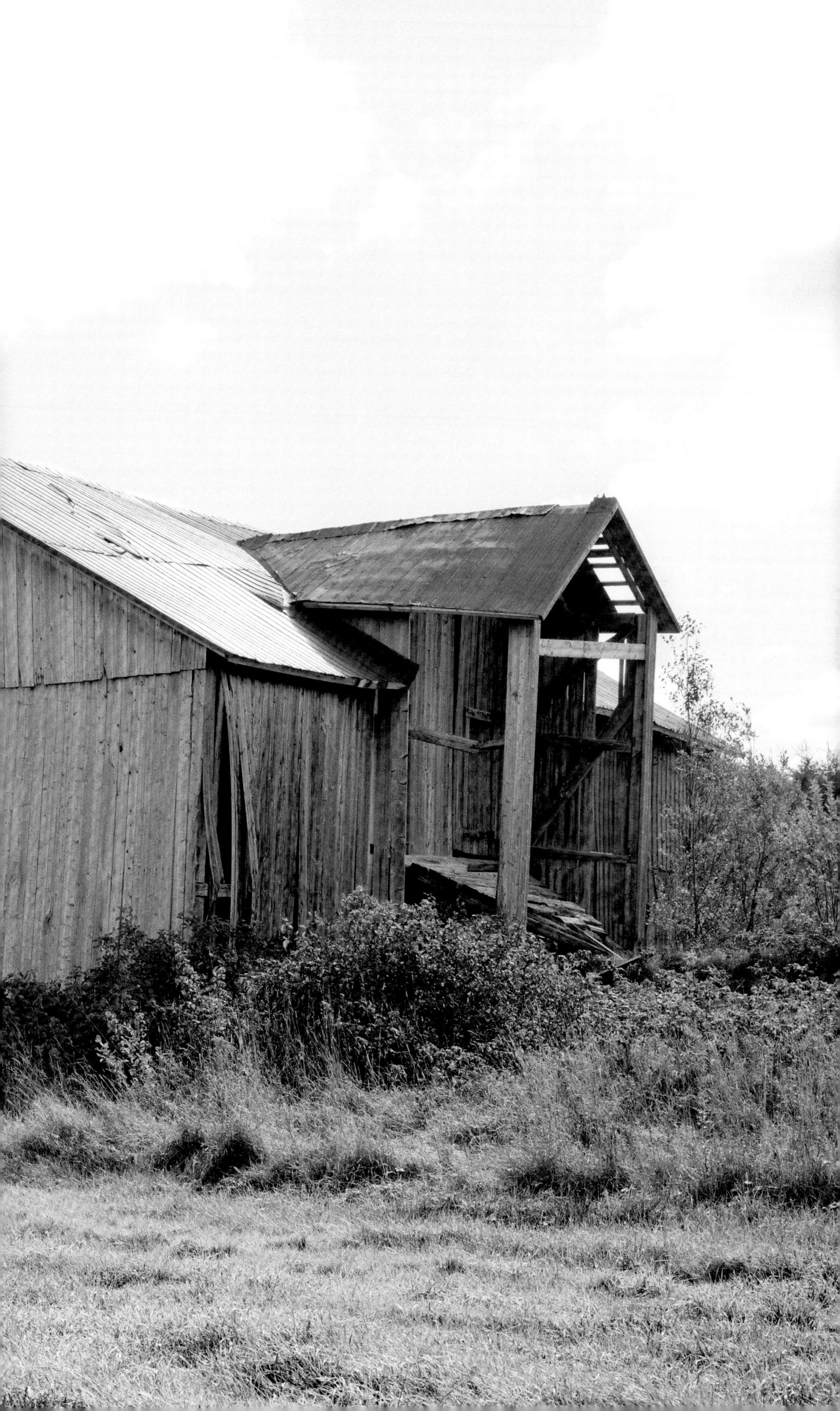

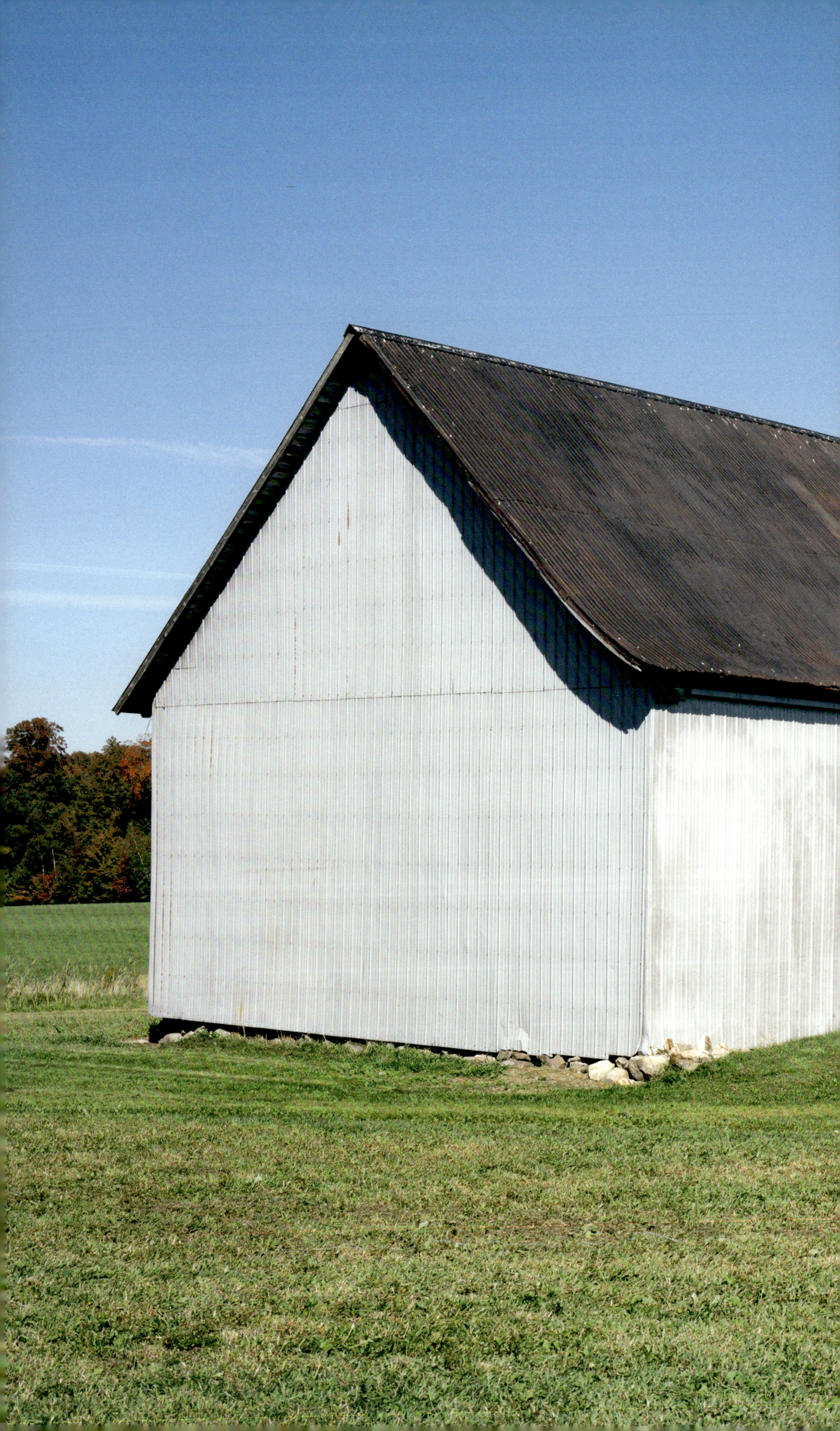

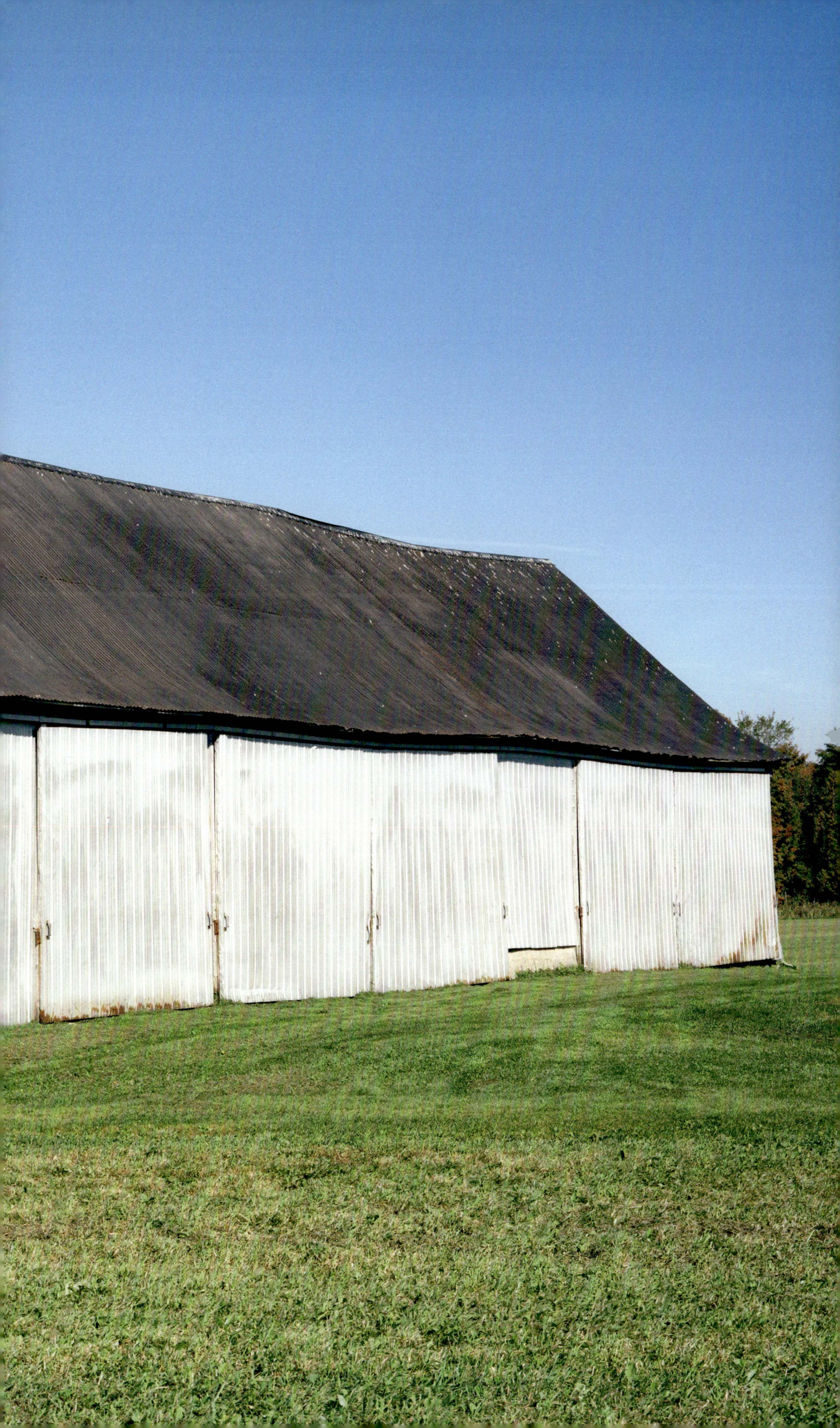

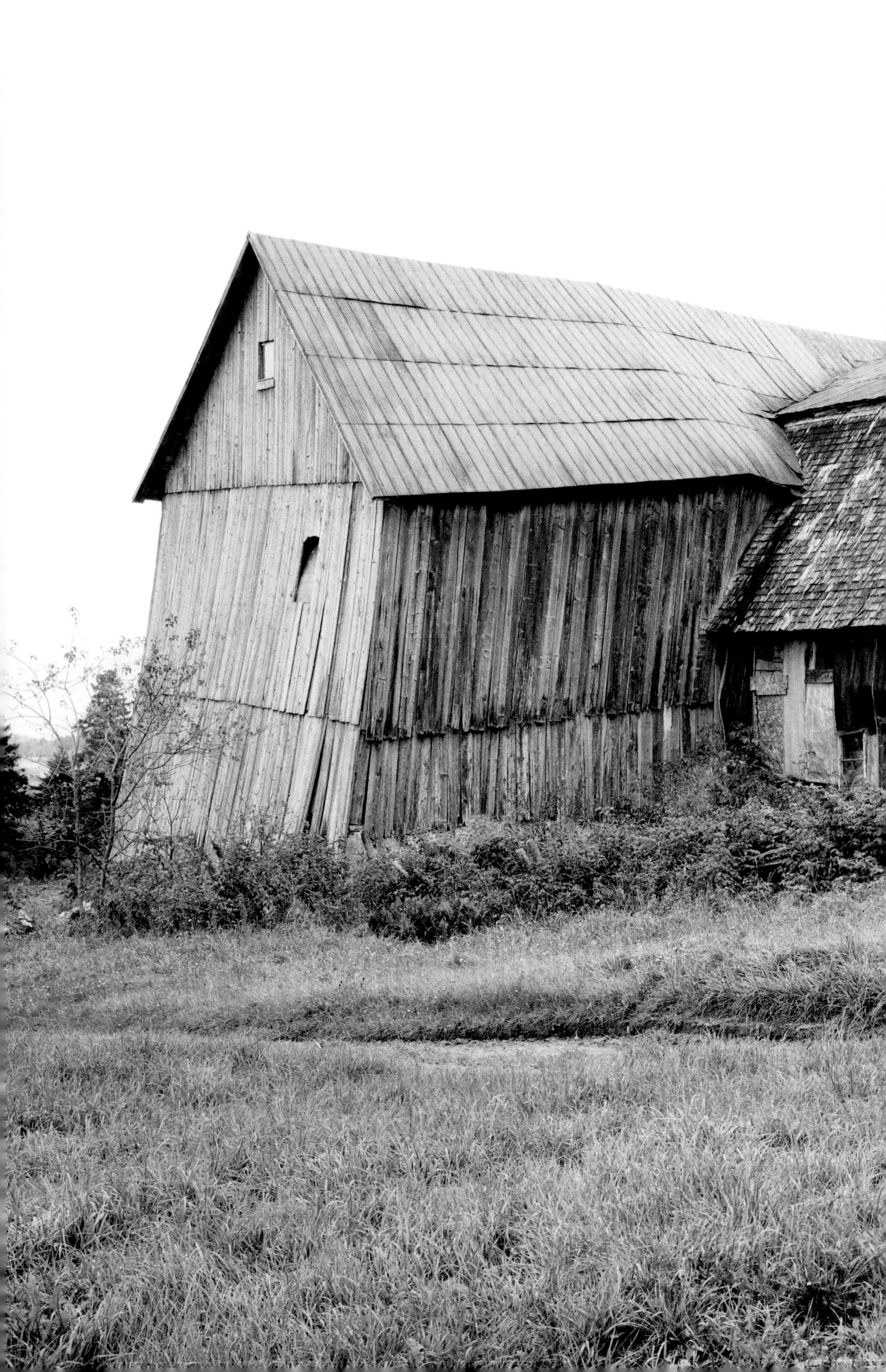

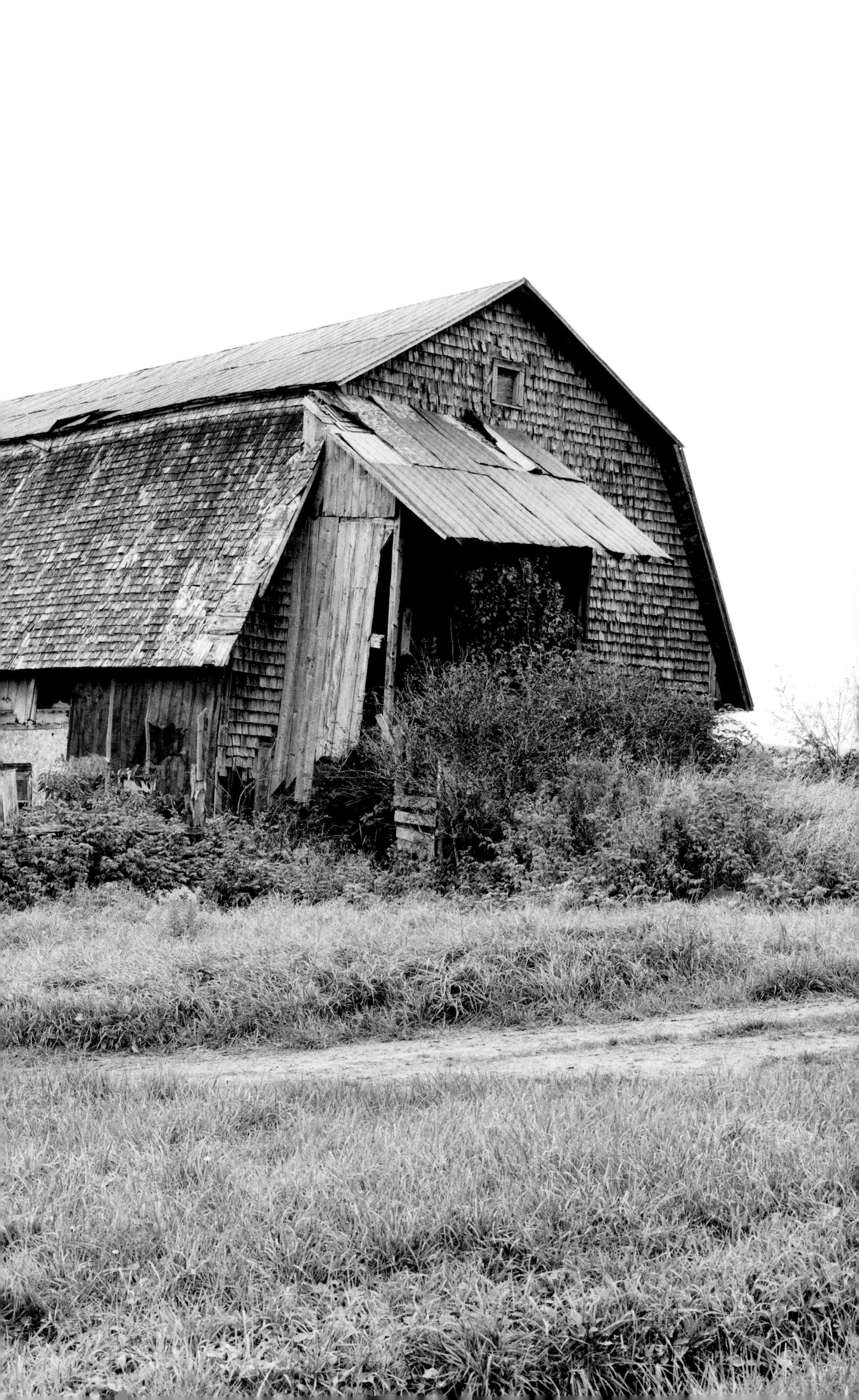

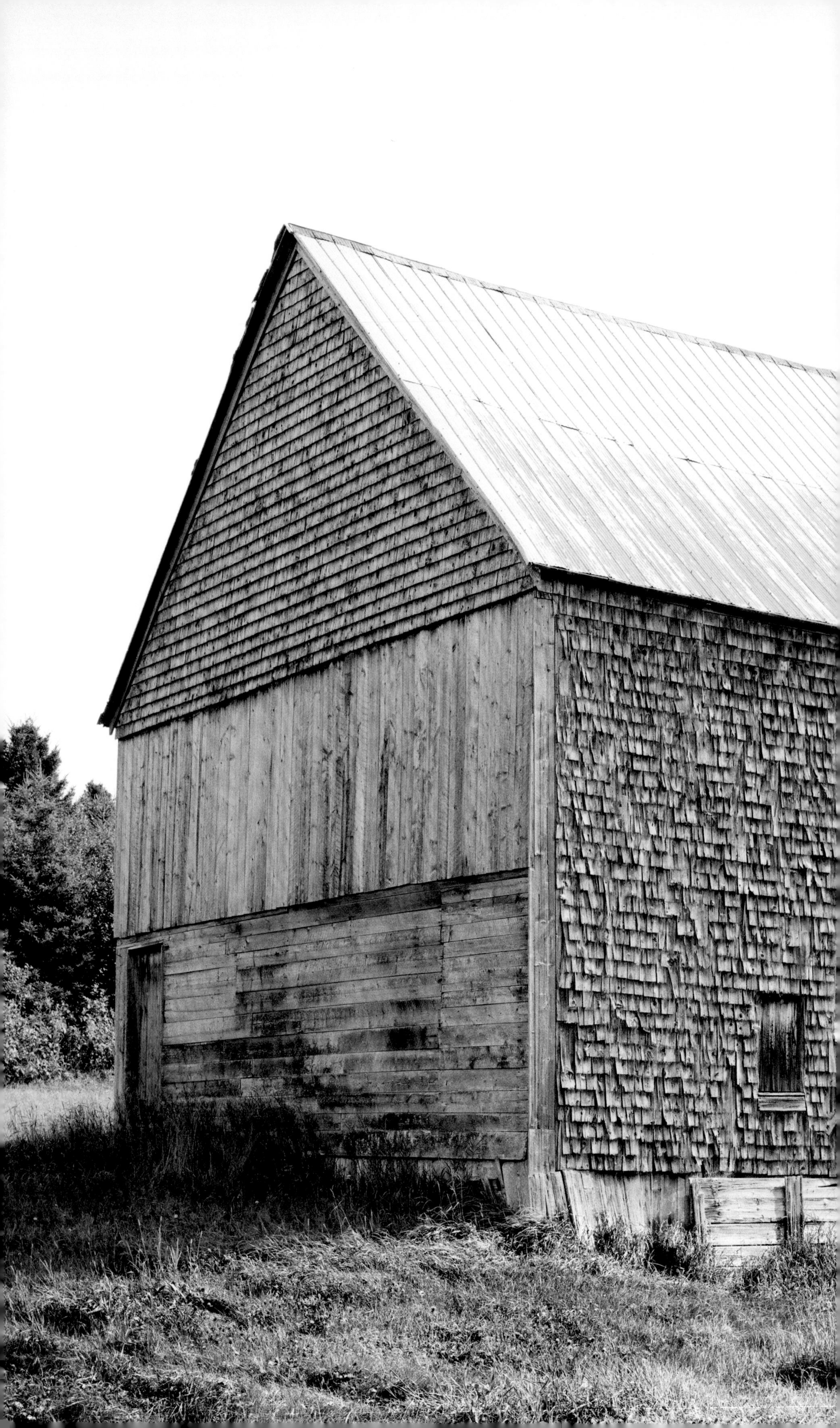

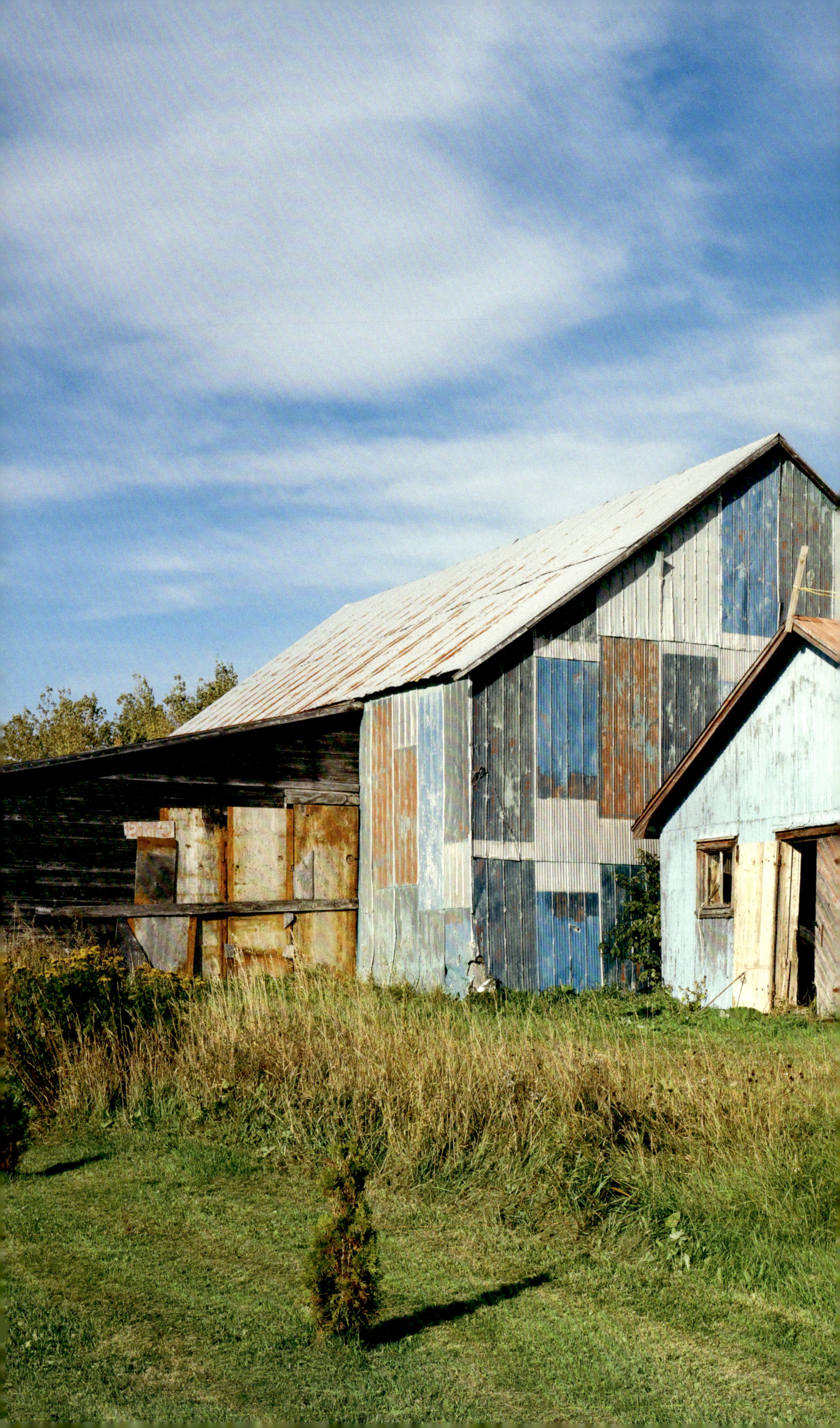

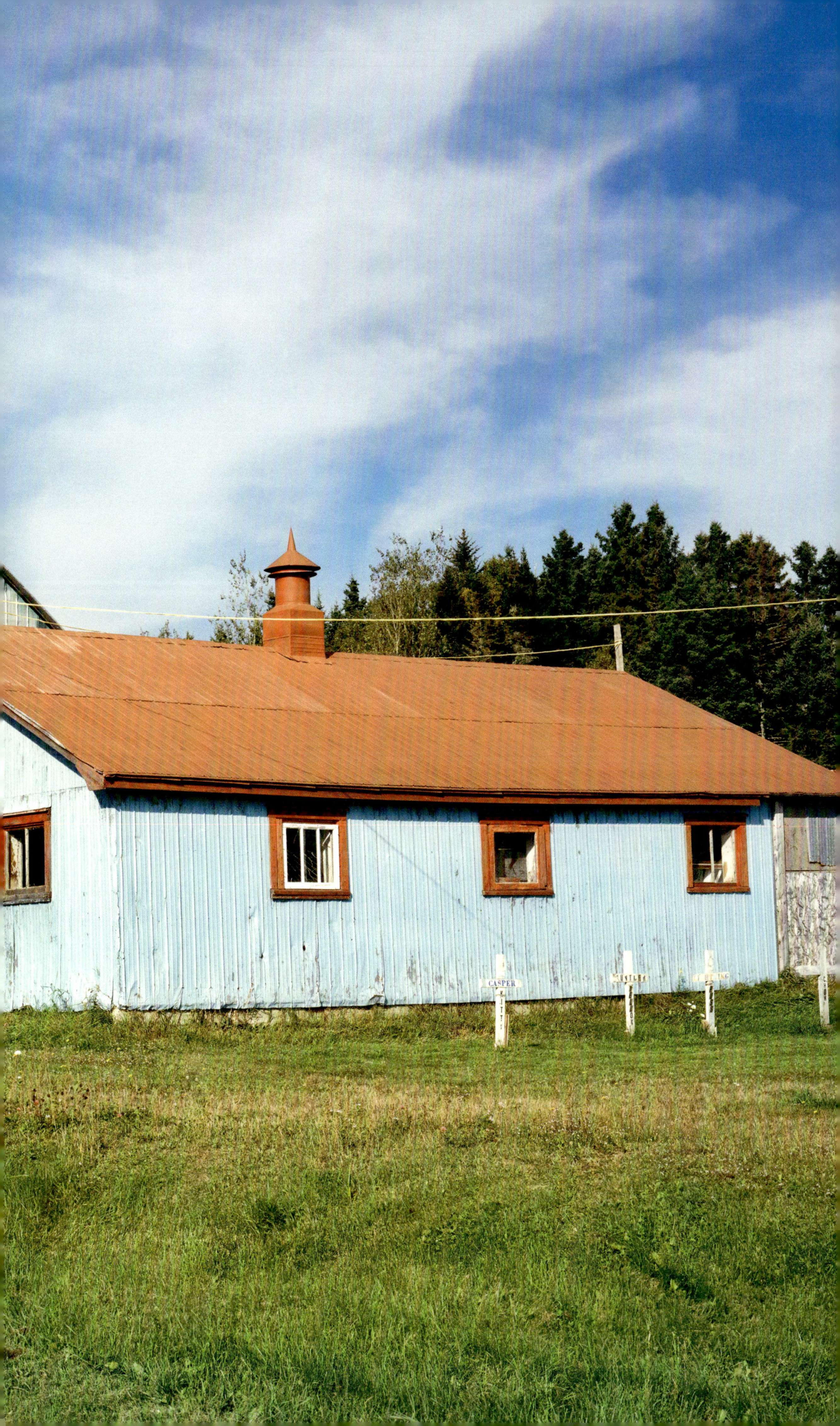

CASPER
RUSTLER
HERTING

GRANGES

Brice Matthieussent

La grange est une grande boîte où l'on range. Du matériel agricole, depuis le petit tracteur jusqu'aux gigantesques moissonneuses-batteuses, en passant par toutes sortes d'engins spécialisés dont je ne connais ni le nom ni la fonction. On y range aussi du foin, des petites collines en vrac balancées à la fourche depuis la charrette vers le fenil, ou bien les balles calibrées crachées au cul de l'énorme machine, puis qui restent à sécher là dans le champ comme des gros blocs de Lego ou des tambours jaunes étagés depuis le tout proche jusqu'au lointain de l'horizon pour faire, comment dire, une peau boutonneuse hérissée de pustules jaunes régulièrement espacées, une espèce d'immense campement militaire où chaque soldat géant et géométrique aurait ses aises et sa solitude strictement équidistants de ses congénères, bref un paysage mesuré, quadrillé, mis en coupe réglée. Ensuite, une fois tous ces soldats de foin bien séchés, on les rapatrie au camp de base, on les entasse dans la grange et basta pour l'année. On replie le paysage, tels les pans d'une immense tente soigneusement rabattus d'un angle à l'autre, et ce petit paquet compact va se fourrer dans sa housse. Alors la vaste plaine redevient vaste plaine. Plate comme la main, sans pustules ni rien. Toutes les excroissances saisonnières s'empilent dans l'unique container, morceaux de sucre dans leur boîte, livres dans le carton de déménagement, appartements dans le grand ensemble. Et le tour est joué. Ni vu ni connu, les engins agricoles rentrent au bercail, les hommes à la ferme, le paysage redevient paysage, mais sans ces bornes blondes désormais escamotées : une mer étale s'étend à nouveau jusqu'à sa jonction avec le ciel, et l'île de la grange semble y flotter comme une arche de Noé qui au lieu de couples animaux abrite ses innombrables balles de foin identiques.

Le barn-raising, c'est, ou plutôt c'était pour une communauté rurale d'Amérique du Nord l'occasion de travailler tous ensemble afin de construire une grange. Un rituel de la campagne, comme ici en France, les Castors citadins tirent au sort un nom puis réunissent leurs compétences – électricien, maçon, charpentier, plombier, plaquiste, peintre, etc. – pour construire la première maison du lotissement, après quoi on passe à la deuxième, et ainsi de suite. Là-bas, autrefois, du temps des petites exploitations et avant l'agriculture industrielle, une seule grange à la fois, mais avec une main-d'œuvre considérable réunie par un objectif commun : bâtir cet édifice en bois, souvent d'après des plans transmis d'une génération à la suivante, mais en improvisant des variations pour s'adapter au cas précis – besoins et budget du paysan, configuration du terrain, matériaux disponibles. Depuis les débuts du barn-raising, il n'y a sans doute pas deux granges identiques, et c'est bien d'architecture vernaculaire qu'il s'agit, de DIY avant l'heure, mais pas dans la solitude de l'appartement urbain, non, dans l'immensité des terres cultivables et à plusieurs.

Les photos prises par Gilles Pourtier en collaboration avec ses deux complices montrent ce qu'il reste aujourd'hui de ce mode de construction presque disparu pour cause de remembrement et d'agriculture industrielle. Ces granges accusent leur âge, certaines tanguent comme un navire dans la tempête, abandonnées de leur équipage, livrées aux éléments, piquant du nez, sur le point de couler. Elles sont crush, disent les Québécois, ou « croches », ce qui signifie qu'elles ne vont pas tarder à se retrouver au tapis, définitivement écrasées, réduites en bouillie, aplaties comme un château de cartes en ruine. D'autres, pimpantes, rutilantes, quasi neuves, qu'on ne voit pas dans ce livre, ont été réaménagées en résidences secondaires pour riches citadins – c'est tendance. Mais la plupart sont bricolées d'une année sur l'autre, rafistolées avec les moyens du bord, pour continuer à remplir leur office initial : le rangement. Un jour pourtant, à bout de souffle, elles n'en peuvent plus, la pauvreté a raison de leur vétusté et des souvenirs séculaires qu'elles abritent.

Car loin de contenir seulement du foin, du matériel agricole ou des bêtes, la grange est aussi une boîte de Pandore, une malle de magicien, un coffret à souvenirs, un flacon qu'il suffit d'ouvrir pour sentir les parfums mêlés du passé – à la fois une cave et un grenier conservant leurs secrets : des hobos, des vagabonds, des adolescents fugueurs y ont dormi, parfois sans l'autorisation du propriétaire, comme la jeune Lena Grove enceinte au début de *Lumière d'août* de William Faulkner ; des prisonniers évadés ou des fuyards s'y sont réfugiés, ainsi les deux enfants pourchassés par Robert Mitchum dans *La nuit du chasseur* ; des amours clandestines s'y sont épanouies à l'abri des regards indiscrets ; des trafics louches, des bagarres ou des meurtres y ont eu lieu – comme le couteau, le pistolet ou le revolver, la fourche, le râteau ou la pelle sont aussi des armes mortelles.

Chaque grange a une mémoire qui lui est propre, et dans notre mémoire collective la grange générique convoque maints romans et films américains, en général anciens, qui ont marqué de leur empreinte l'histoire de la littérature et du cinéma. Comme toute photographie, celles du présent livre montrent des singularités : c'est à la disparition de telle ou telle grange précise, individuelle, et de la mémoire spécifique qui lui est associée, qu'on assiste ici, à son effilochage irréversible, à leur effacement programmé de la surface de la terre, au profit des bâtiments industriels qui dans un siècle – sait-on jamais – seront peut-être porteurs d'une nouvelle strate du souvenir. Mais entendons-nous bien : nulle nostalgie dans ces images, seulement la photographie qui fait son travail comme chez Atget, les Becher, Evans, Eggleston ou Christenberry l'oublié – archivage avant inventaire et solde de tous comptes, dépôt de savoir et de savoir-faire.

La grange était un fourre-tout, un vide-campagne comme en ville on parle d'un vide-poche, un débarras. Plus grande qu'une cabane, elle ressemblait parfois au modeste hangar d'un aéroport rural, sans jamais être assez vaste pour abriter un des monstres de l'aviation commerciale d'aujourd'hui et les nuages qui, parfois, se forment sous le toit de ces abris gigantesques. Non, les granges que vous voyez dans ces pages sont à dimension humaine, elles évoquent cette époque révolue où, comme à bord d'un trois-mâts baleinier et malgré l'immensité du continent nord-américain, l'homme était encore la mesure.

On y a fourré du foin, des familles, des animaux au rez-de-chaussée qui chauffaient les occupants de l'étage, des engins agricoles, des armoires et du mobilier encombrant la ferme voisine, des cartons de vieux livres, des bocaux de fruits ou de légumes, des monceaux de caisses ou de cagettes, des valises parfois remplies de robes anciennes ou d'albums de photos de famille, des tricycles et des vélos, des voitures qu'on rechignait à mettre à la casse, des motos vieillottes qui avaient leur histoire, le tracteur irréparable mais dont on comptait utiliser les pièces détachées, le gramophone et les disques 78-tours ayant appartenu au grand-père, les poupées en celluloïd de la grand-mère, tout un fatras de vieilleries dont on ne savait plus que faire mais qu'on hésitait à bazarder parce que le passé c'est le passé. Et voilà maintenant que ce passé s'en va, avec son contenant. Plus tôt, pour retarder l'échéance fatale, on a transformé la grange en chapelle, en salle de cinéma ou de bal (le film *La porte du paradis* de Michael Cimino), en camp de concentration pour zombies envahisseurs (dans une série américaine), en manège où

une ravissante cavalière nue fait des 8 sur un pur-sang (dans *Nord-Michigan* de Jim Harrison); bref, pour gagner encore quelques années d'existence la grange s'est reconvertie en salle polyvalente. Très loin du Québec, dans la campagne suisse, on rencontre même des bunkers camouflés en granges, mais jamais l'inverse.

Ici, presque toutes sont désaffectées. Tels des navires échoués sur les hauts-fonds, elles attendent la prochaine tempête qui les démembrera, les fera sombrer à pic. Certaines, crevées, sont ouvertes à tous les vents, elles font air de toutes parts; d'autres semblent encore à peu près étanches. J'imagine volontiers que des charpentiers de marine ont participé à leur construction : après tout, l'océan est proche et les compétences sont sans doute similaires pour construire un bateau ou une grange. Dans les deux cas, ce sont des pièces uniques, destinées à des fonctions spécifiques, et les voûtes en forme de coque de bateau inversée sont monnaie courante dans l'architecture terrestre.

Une autre variante de la grange est le pont couvert qui protège une voie de chemins de fer enjambant une rivière ou un fleuve. On en a construit plus de mille dans la seule province du Québec. L'architecture de fermage est la même, sinon que la superstructure du pont couvert repose sur le bâti de la voie ferrée, et non sur le sol. Ouverte à chaque extrémité, privée de deux de ses murs, la grange protège le pont contre les intempéries et est traversée par les trains : elle ne renferme rien, n'abrite rien, on n'y range plus rien, ce n'est plus une boîte fermée, mais une sorte de tunnel en plein air. Pourtant, le destin du pont couvert rejoint celui de la grange : à cause du manque d'entretien et peut-être de la réduction du réseau ferré québécois, il n'en reste plus aujourd'hui qu'une poignée.

Voici donc quelques granges, certaines « croches », d'autres picturales, d'autres encore « formelles » ou minimalistes. J'ai dit tout ce qu'elles convoquaient et oublié un détail : les motifs géométriques colorés figurant sur certains murs extérieurs ne sont pas d'origine amérindienne comme on pourrait d'abord le croire, mais demeurent à ce jour inexpliqués. Ce léger mystère s'ajoute à tous les souvenirs inconnus, tendres ou sulfureux, doux ou violents, liés à ces lieux qui peut-être ont déjà disparu.

BARNS

Brice Matthieussent

A barn is a large box where things are stored: agricultural equipment, from small tractors to gigantic combine harvesters, and all sorts of specialized machinery, for which I know neither the name, nor the function. Hay is also stockpiled there, small loose hills balanced on a pitchfork from wagon to hayloft. Or else, calibrated bales spat from the back end of an enormous machine, then left to dry there in the field like over-sized Lego blocks. Or huge yellow drums staggered all the way to the far horizon making, let's say, a pimpled skin riddled with evenly spaced yellow pustules. Or a kind of immense military encampment where every giant and geometric soldier would have his comforts, and his solitude, strictly equidistant from his counterparts. In short, a landscape measured, chequered, precisely cut. Then, once well dried, all these hay soldiers are repatriated to the basecamp, piled into the barn, and that's it for the year. The landscape is folded up, like the sides of a massive tent carefully rolled from one corner to the other, and this small compact package will then be stuffed inside its cover. Thus the vast plain again becomes vast plain. Flat and smooth as a hand without pustules, or anything else. All the seasonal excrescences stacked-up in the one container, cubes of sugar in their tin, books in the moving boxes, apartments in the larger edifice. And it's done. Out of sight, out of mind; the farm machinery returns to the fold, the men to the farm, the landscape reverts to landscape, but without these blonde markers, now retracted. A sprawling sea stretches again to its very junction with the sky, and the island that is the barn seems to float there like Noah's Ark, sheltering – instead of animal couples – its innumerable identical hay bales.

A ritual of the countryside, the barn raising is, or rather was, the chance for North America's rural communities to all work together to build a barn. A practice mirrored by the urban Castors here in post-war France, who draw a name and then pooled their skills– electrician, mason, carpenter, plumber, plasterer, painter, etc. – to build the first house of the subdivision, after which everyone moved on to the second, and so on. Likewise, back in the days of small farms before industrial agriculture, it was one barn at a time. But a considerable workforce gathered around a common objective: to build this wooden building, often according to plans passed down from one generation to the next, but improvised to adapt to the specific needs and budget of the farmer, the configuration of the land, and the available materials. Since the first barn raisings, there have likely never been two identical barns built. This vernacular architecture, predecessor of DIY, emerged not in the solitude of an urban apartment, but in the immensity of the arable land, and with many hands.

The photographs taken by Gilles Pourtier in collaboration with his two accomplices show what remains today of this construction method that has almost disappeared due to re-parcelling and industrial agriculture. These barns show their age, some pitch like ships in a storm, abandoned by their crews, left to the elements, nose down, about to sink. The Quebecers say they are crush or 'crooked', meaning they will soon find themselves on the ground, permanently shattered, reduced to a pulp, flattened like the ruins of a house of cards. Others, bright, gleaming, almost new, (and absent in this book) have been turned into second homes for wealthy city dwellers– it's trendy. But most are cobbled together from year to year, patched-up with the materials on hand, continuing to fulfil their original purpose: storage. One day, however, when exhausted, they give out; the poverty is due to their age and the secular memories that they house.

Because far from containing just hay, farm machinery or animals, the barn is also a Pandora's box, a magician's trunk, a souvenir repository, a bottle that just has to be opened to smell the mingled fragrances of the past. At once a cellar and an attic guarding their secrets: hobos, vagabonds, and teenage runaways have slept there, sometimes without the owner's permission, like young, pregnant, Lena Grove at the beginning of William Faulkner's Light in August; escaped prisoners or fugitives took refuge there, like the two children pursued by Robert Mitchum in The Night of the Hunter; clandestine loves have flourished there, sheltered from prying eyes; shady business, fights and murders have also taken place – like the knife, pistol, and revolver – the pitchfork, rake, and shovel are also deadly weapons. While each barn has a memory of its own, in our collective memory the generic barn conjures up many American novels and films, usually old ones that have left their mark on the histories of literature and cinema. Like all photographs, those in the present book point out singularities: it is the disappearance of this or that specific, individual barn and the particular memory associated with it, that is witnessed here, its irreversible fraying. Together it is their programmed erasure from the surface of the earth, in favour of industrial buildings that within a century – one never knows– will perhaps be the bearers of a new stratum of remembrance. But let us be clear: there's no nostalgia in these images, only photography that does its work like Atget, the Bechers, Evans, Eggleston or Christenberry the forgotten – archive before inventory, and the balancing of all accounts, a depot of knowledge and know-how.

The barn was a catch-all for emptying the countryside, just like the coin trays used in town for emptying our pockets. Larger than a hut, it sometimes resembles a modest hangar at a rural airport, without ever being large enough to house one of those monsters of today's commercial aviation, or the clouds that sometimes form under the roof of these gigantic shelters. No, the barns you see on these pages are on a human scale, they evoke that bygone era when, as on board a three-masted whaler, and despite the immensity of the North American continent, man was still the measure.

Crammed with hay, families, and animals on the ground floor that heated the occupants above, agricultural machinery, wardrobes, and the furniture that was cluttering the neighbouring farm, boxes of old books, jars of preserves – both fruits and vegetables – piles of crates, suitcases sometimes filled with old dresses or albums of family photos, bicycles and tricycles, cars we were reluctant to scrap, old-fashioned motorcycles that had their own stories, the irreparable tractor whose spare parts we were counting on using, the gramophone and 78-records that belonged to the grandfather, the grandmother's celluloid dolls, a hodgepodge of old stuff that we no longer know what to do with – yet we hesitate to toss – because the past is the past. And voila, now this past is gone too, with its vessel. Already, to delay the fatal deadline, the barn was transformed into a chapel, a movie theatre, or a ballroom (the film Heaven's Gate by Michael Cimino), a concentration camp for invading zombies (in an American series), a riding ring where a ravishing nude rider does figure-eights on a thoroughbred (in Farmer by Jim Harrison); in short, to gain a few more years of existence the barn is converted into a multi-purpose space. Very far from Quebec, in the Swiss countryside, one even encounters camouflaged bunkers in barns, but never the inverse.

Here, they are almost all abandoned. Like ships run aground on the shoals, they await the next storm that will dismember them, causing them to sink like a stones. Some, punctured, are open to every wind, from all sides; others still seem almost watertight. I can easily imagine that naval shipwrights were involved in their construction: after all, the ocean is near and the skills are undoubtedly similar for building a boat or a barn. In both cases, these are unique pieces, destined for specific functions, and these vaults in the shape of inverted boat hulls are commonplace in the terrestrial architecture.

Another variant of the barn is the covered bridge that protects railway track spanning a river. More than a thousand were built in the province of Quebec alone. The architecture is the same, except that the superstructure of the covered bridge rests on the frame of the railway, and not on the ground. Open on each end, deprived of two of its walls, this barn protects the bridge from adverse weather and is crossed by the trains: but it contains nothing, houses nothing, no longer stores anything, is no longer a closed box, but a sort of open-air tunnel. And yet, the fate of the covered bridge is similar to that of the barn: due to the lack of maintenance, and perhaps the shrinking of Quebec's railway network, only a handful remains today.

So here are a few barns, some 'crooked', others pictorial, and even those that are 'formal' or minimalist. I mentioned all that they evoked but forgot a detail: the colourful geometric patterns that appear on some exterior walls are not Amerindian in origin, as one might first believe, but remain as yet unexplained. This mild mystery adds to all the unknown memories, tender or sulphurous, sweet or violent, linked to these places that may have already disappeared.

Nous souhaiterions remercier :

Sophie Dars et Carlo Menon pour avoir publié
certaines de ces photographies dans le premier
numéro de la revue *Accattone* en 2014, Septembre
Tiberghien qui nous a suivi dans ce projet depuis
le début et participé activement au volet expo-
sition *They shoot horses they don't demolish barns*,
à Bruxelles, toute l'équipe de L'Escaut pour son
accueil à Bruxelles en 2016, Gilbert Della Noce
pour son soutien, Brice Matthieussent pour son
texte, Camille Lefèvre pour son accompagnement
et son soutien dès les premisses de ce projet,
Régis Fortino pour son hospitalité, Will Gusakov
pour son accueil et sa générosité et son caractère
inspirant, Christiane Polliens pour sa générosité,
Anne-Claire Broc'h pour son soutien, son écoute
et sa patience, Benjamin Diguerher pour son
écoute et sa confiance, les nombreux garagistes
talentueux qui nous ont permis de poursuivre
notre route à travers champ, toutes les personnes
que nous avons croisées lors de notre voyage et
qui ont répondu à notre demande avec bienveil-
lance, la DRAC Provence-Alpes-Côte d'Azur pour
son soutien financier.

Achevé d'imprimer en octobre 2017 en Espagne
ISBN : 978-2-918960-98-0